钱穆家庭档案

书信、回忆与影像

钱行 钱辉 编

九州出版社
JIUZHOUPRESS

图书在版编目（CIP）数据

钱穆家庭档案：书信、回忆与影像 / 钱行，钱辉编
. -- 北京：九州出版社，2020.12
ISBN 978-7-5108-9985-0

Ⅰ. ①钱… Ⅱ. ①钱… ②钱… Ⅲ. ①钱穆（1895-1990）－书信集 Ⅳ. ①K825.81

中国版本图书馆CIP数据核字(2020)第264865号

钱穆家庭档案：书信、回忆与影像

作 者	钱 行 钱 辉 编
策 划	李黎明
责任编辑	张皖莉 李黎明
封面设计	吕彦秋
出版发行	九州出版社
地 址	北京市西城区阜外大街甲 35 号（100037）
发行电话	(010)68992190/3/5/6
网 址	www.jiuzhoupress.com
电子信箱	jiuzhou@jiuzhoupress.com
印 刷	三河市兴博印务有限公司
开 本	880 毫米 ×1230 毫米 32 开
印 张	10 插页 2
字 数	230 千字
版 次	2021 年 4 月第 1 版
印 次	2021 年 4 月第 1 次印刷
书 号	ISBN 978-7-5108-9985-0
定 价	78.00 元

前　言

　　抗战期间，父亲在大后方的昆明、成都等地，母亲和我们在沦陷区苏州。除了 1939—1940 年间，父亲回苏州住过一年以外，都是两地分居。这期间，书信往来虽然不便，但还是不断的。遗憾的是，父亲的来信，在 1966 年时，被我们"畏罪"销毁了。这部分母亲写到大后方去的家书，却在父亲去世后，继母整理父亲遗稿时，意外重现。

　　抗战期间，大后方纸张供应紧缺，书刊出版用的纸张往往也是黄色土纸，更不必说教授的手稿、笔记用纸。而这一批家书的用纸，倒是很好的白纸或稿纸，反面完全可以用来书写。父亲也正好用它们来写了一批零星的读书札记。近六十年后，继母率弟子主持编辑父亲全集时，发现遗稿的背面竟然有家书！就检出这部分遗稿，留予家人整理。当时，是带回苏州，命钱行抄录编辑，最后成为全集中的一册——《读史随劄》。这书稿背面的家书，虽然凌乱不相连属或者残缺不全，而且信末只有月日，没有年份，但对于子女来说，无疑是十分宝贵的财富。当时，即由钱辉复印整理，对它们一一进行辨识年份、编年排序、电脑录入等。

　　母亲生于 1901 年 6 月 26 日（农历），逝世于 1978 年 3 月 8 日。在 2001 年母亲诞辰 100 周年纪念时，钱辉将这些初步整理过的书信打印编成一册，分给我们儿女各家一份，分别保存，以作永念。这将近一百件书信（包括残缺不全的断简），上从1940年9月28日起，下到1945年11月18日为止，主要是母亲写给父亲的，还有我们兄妹拙、行、逊、易四人写给爸爸的，此外也包括一鸿姨、一飞姨、劬华堂姐所写的少数几封信在内。近二十年来，各家珍藏至今。

这期间，也有亲戚朋友曾经寓目，也有人提出，这些材料乃是珍贵的历史资料，不但对钱家后人有意义，如果能整理出版，对读者、对社会都会有益处。我们接受了这个建议，这个想法又得到九州出版社编辑李黎明先生的支持。为了对读者负责，我们对全部书信作了校核、编排，增加了简单的注释。但由于书信中涉及的一些人和事，我们当时年幼无知，几十年后作注，也只能就所知的写一些。又加之书信原件往往只具月日，不写年份，对年代的排定，虽反复斟酌，或也难免有失误之处。敬请读者见谅。

另外，有亲戚整理张家史料时，发现母亲就读的江苏省立第二女子师范学校"校友会汇刊"上，保存有母亲的遗作，蒙其惠赠电子书影，包括两篇文章和一幅图画作品。最近，因为编辑这本家书，行女婉约又从电子数据库，找到母亲早年发表于上海《知新》等刊物上的佚诗三首及逸文一篇。一并作为附录，补录于书信之后。书中许多珍贵的旧时照片，得益于钱易搜集、扫描成电子文档，使得方便收入书中。

在艰难的战争年代，母亲一个人抚育我们成长。这样一本书，对我们来说，是对母亲的纪念。对读者来说，如果能从书中零星点滴的材料中，增加一些对战争年代一个普通教师家庭生活状况的了解，感到有意义有益处的话，便是我等之至愿了。

编者

目录

上篇
家书：此情可待成追忆

下篇
怀念：坚毅一贯的人生

上篇

家书：此情可待成追忆

母亲张一贯与孩子们在北平东安市场照相馆，前排孩子右起依次为钱拙、钱易、钱行、钱逊

四哥：

五週未接來信，顧念，猜想你回蔡京，乃每信均亭頰園不繼停地圍接到家了，前日忽由文山送來你育廿四所發信，此信擱三月有餘始到，詳悉種切，旅行多已成过去，陪地行的信，無時同性，隨时可演，明日当嗜恉等作覆，遠裏的一切除物价高涨外，別無可谈，每人遍覚親友，不是愁米，即是嫌菜貴，都是面色的模日子，我们在目下，雖是有吃有穿，但是見不到底，你不敢放鬆一步，只筧苦多的生活着，幸小孩们的健康，且長得很壯，夏衣都穿不上了，此行都得替他们做新衣，可是名数了我，一件襯衫一条短袴，要二十元，箱

晶运 8

壹

一九四〇年　九月二十八日

（缺首页）

　　今日已是你离家的第三天，尚未得伯云[1]信，颇念！此信到，想你已平安抵校。别离本是常事，只这次你为着我身体的不健，临走时看你怪放心不下的，因此这几天里，我对你的健康，也很不放心的。想到你临走的前几天，精神顶不好，长途旅行，又很劳神的，到校后，希望你能静静休息几日，以期精神恢复！家中一切，依你所嘱做去，事母育儿，决勿过与不及，我自己健康，自知当心，一切幸勿为念！你走后第一天下午，三孩自学校归，知你已行，未曾说一句话，行儿不复如前次这样的不快。小易腹泻于昨日止，今日很快活。母亲眠食如常。我今日去医院，检查结果，血压较低，仅140，只心脏仍不好，大致这几天是例外的，过几天静下来就会好的，到时决进医院，手续已办妥。关于女仆，已与王德生[2]讲妥，彼今日写信给陆妈，叫她上城，如一时不能来，彼有一可靠女仆介绍给我们，只工钱大（约七元一月）而不能常做，约做两月，人可靠，我想雇了，且待产后，或巧遇奶妈接替。

　　顾太太[3]东西，你如弄不清，请她自己检，她如还你钱，只要收53元，刀片毛巾牙刷，算我们送的。

---

1. 伯云：陆伯云，父母亲大人友人。在上海。
2. 王德生：房屋经理人。
3. 顾太太：后方友人。

　　乡间的信，明日可以写去了，祥瑛 [1] 处亦拟去一信。

　　慈姑娘 [2] 昨日来，派担借款，我当时未加可否，后来我决定送她们10元，做母亲和我们的礼金。

贯　二十八日

母亲在苏州，上世纪四十年代

---

1. 祥瑛：孔祥瑛，钱家眷属。
2. 慈姑娘：张家亲戚。在苏州。

贰

一九四〇年　十月三日

四哥：

　　……这几天我看人事，看得更透了，一切都当作舞台上的扮演，过目即忘，我只把你的心做主宰，你的话做依归。几天来觉得小孩很听话的，家事也不紊乱，我精神比你行前好，睡眠总有六七小时，母亲也很健，眠食如常。小宝[1]夹衣已添，荡口信写好了，预备明日与此信同寄。添雇老妈，再过三日必来，来后准住楼上，照顾小孩。明日预备再去医院，确定八日要否去住。伯云开来菜蔬单，已照食，有一药方，未配服。王陈[2]等酬谢事，当在去医院前做开，鱼肝油精，小小孩不给吃了，待半月后，托沪上买大听鱼肝油，母亲与幺孩同食，郭太太[3]今日动身，罗[4]款已托她试催。（二日写）

　　今日赴医院，鸿[5]陪去，检查结果颇好，增加体重一磅，血压135，与上次同，大致八日不须去医院，医生仍不主服药，叫我多吃东西多休息，霞官[6]自今日起，请代课在家，鸿于下星期起，亦请到一位代课的人，她随时可来。小易尚未到校，今日与霞姐姐玩半天，我睡了半天，下午出门，不觉累，一切幸勿念！祝你平安抵蓉！

贯　你飞抵重庆之日

---

1. 小宝：钱家后辈。
2. 王陈：王医生、陈医生。
3. 郭太太：友人。
4. 罗：或也是友人。
5. 鸿，鸿姨。
6. 霞（霞官）：张家亲戚，苏州。

叁

一九四〇年　十月六日

四哥：

陆妈[1]于昨日来，旋又去，约明日来上工，我已三日去医院后，精神很不好，待陆妈来，决住医院休养几天。我想家中走去了我，或许倒可有人负责些，这几天实在太不像样了，小易[2]几无人管，我每晚总得过十时才睡。

母亲福体康健，种了三十七棵菜，现在每天叫阿五[3]种蚕豆，诸孩均好，今日星期，三孩与阿姨到仓街[4]去，剩下一个在家。接到伯云寄来《小五义》，翻开就看。

家中一切如常。粗做老妈，颇称职！一切幸勿念！书箱六只，价20元。

贯　　六日

----

1. 陆妈：苏州家中帮工。
2. 小易：易妹。
3. 阿五：家中帮工。
4. 仓街：仓街某号，有多家张家亲戚居住于此（是张家一处老宅）。

肆

一九四○年　十月九日

（缺首页）

……这夜小易仍同我睡，夜间鸿起照顾。第二天我自己知疲劳过度静心休息不下楼，而鸿有些发热，早上预备我吃了就去，一天未来，飞[1]早见一面去，夜七时归，霞领小易满街跑，我就昏昏沉沉躺了一天，就吃到了一碗粥，热至102度。第三天鸿早上来，恰值星期进医院不方便，找陈医生上午未遇，下午急欲去找，我顺便写一短简嘱鸿寄你，为飞欲附信，挨到六时鸿才出门。七时后陈医生来诊后谓能休养，不必进医院，待鸿送医买药吃晚饭毕已九时余。夜来飞与鸿整理书至十二时睡，鸿又发热。翌晨鸿走时我嘱彼在家休息。这是第四天，早晨仍发热至下午一时过，忽发冷抖约二小时，热至夜十二时始退，家中只剩母亲和老妈。第五天早晨鸿来知之即访陈医，陈医云最好进医院，母亲闻之颇不快，谓今日再冷进去。我想也好，一切家事可安排妥当后不使老人家烦恼，我再出门可以放心些，于是决定不走。遂与一鸿商定在我离家时嘱她在家，学校中暂叫霞官去四天，至下星期一鸿正式代课来后给她完全自由。下午仍抖、冷，热退得早并不很重。夜间陈医自动来，谓脉太快，一分钟139次，决定今晨进医院，现在热退了，精神尚好，所以又写了好些。

我本不喜欢唠叨地告诉你这些无聊话，就是你也一定讨厌看这种

---

1. 飞：一飞姨。

信，一则因为你要叫飞代写详信给你，一则我这几天颇感不快，写了等于诉说开了，心地自然畅快些。现在我决定家中一切不叫飞多分心，只小易在佣人不熟悉时请她带几夜睡，星期日遇她有暇与拙等讲书一小时。霞官给她完全自由。拙行逊实在太乖了，我病了五日，穿衣脱衣都不劳人，放学后从未吵闹过。现在车来了，是上午十时，预备吃粥后走，至院后详情嘱鸿告你。

贯 9 日

1940 年钱穆离开家乡去后方，太夫人送子到此门口

伍 ★

一九四〇年 十月十日 （鸿姨给父亲的信）

（缺首页）

伯母身体好着，诸甥都健，小妹腹泻已愈。

姐意姐丈的膳食还是自理，不贴于顾家吃，一个人营养最要紧，别节省。你的体重，姐说并不觉增，在外一切，须自己当心。

我于上二周的星期一起发热，连着有一星期。曾发红痧，于上周红痧已退尽，可是时常发热，至前日热也不发了，饮食能复原了，现在完全好了，哥可勿念。

母亲[1]身体也好着。

妹一鸿敬上　十月十日上午十一时半

一贯一鸿一飞三姐妹七十年代在耦园

---

1. 母亲：当指我们的外祖母，上面伯母则是说祖母。

陆 ★

一九四○年　十月十日　（飞姨给父亲的信）

姐丈：

你寄回来的信，我也看到，知道你已安抵香港，很慰。计算时日，现在你已到了目的地了吧？这次的旅途，寂寞是一定的，不过为时尚短，想来还可维持吧？

贯姐已于昨午（十月九日）进医院，现在两等病房，同房有两位，白天不会寂寞，且有阿五来往带食品，鸿妹也常去探望。今晨我去看她，精神尚好，热度已退。下午疟病仍发，不过已轻多多，据医生说尚须再发一二次即可痊愈。离产期尚有两周，我们劝她等疟病痊愈后仍在院休养，谅彼必能听从。总之，贯姐的一切由我和鸿妹负责，千万勿念！四位甥儿都乖，小妹[1]和我睡在大床上，鸿妹睡在中床上，新来的老妈子睡在里房的后房。小妹常跟到文山[2]去上课，她真凶，我回来晚了，便要骂我，并且说人家都是四点放学，你到这时才来，我被她说得哑口无言。有一次她要发脾气时，我自言自语道，又要生毛了，她大打我，且说人怎么会生毛？姐丈，如此能言能辩的小姐，我真不敢要了，但是我又舍不得。一笑。

书已装就，把《图书集成》装成七箱，另一箱装吕先生[3]送来的和其他的书。又把书架上的都放在玻璃橱内，双照楼上[4]的杂志已晒过，

---

1. 小妹：易妹。
2. 文山：即文山小学，时鸿姨在此做校长。
3. 吕先生：当指吕思勉先生，时在上海。
4. 双照楼：苏州家中的一楼。

《史记地名考》的稿纸也安置妥当，樟脑买了四元，每圆粒包以白纸，放在书箱底和边，又把樟脑丸击成粉，用纸包成小包夹在书与书之间，一切办妥，请勿念。

前天沈近礼[1]来此看我，并有信一封，要我到他办的补习社去任课，校址离崇范[2]很近，可是我不愿去，所以昨天亲自去谢绝，因去时已晚，未见，明天再去。听说他为要娶一位学生的姐姐，把最小的女儿送给人家了。崇范今天在义昌福[3]午时开全体会议，由校长请客，吃去三桌，每桌16元，我和两位女先生同去，看见张圣喻[4]，他问你动身日期。

苏官结婚地点在男家严家桥，我不预备送亲去，霞或许要去看热闹。这次慈姑娘一定要用去数百元。苏的添房，我打算出10元，霞我已送假绸被面一条，并且允她再送绣花被面一条，约38元，也许不买就送她钱，她一人要化我五十番，我也破天荒的出重礼了，不过要一个月的薪水没有了。我为她可怜，所以特多些（并且又不能出亮的）。伯母大人很健，劬华功课中上，一切勿念。别话没有了。祝好！

　　　　　　　　　　　　　　　　　一飞涂上　十月十日

---

1. 沈近礼：即沈颖若，吴江人，南社社员，曾与父亲无锡第三师范学校及苏高中同事。著有《文字源流》。
2. 崇范：即崇范中学，时飞姨在崇范任教。
3. 义昌福：苏州酒楼名。
4. 张胜喻：友人。

柒 ★

一九四〇年 十月十日 （拙给父亲的信）

爸爸：

　　我写这封信的时候，是在十月八日放学后，我到楼上去看母亲，母亲叫我写的。母亲明天要到医院里去了，陈医生母亲送给他一只药箱（30元），陈医生说明天要到医院里去看母亲。家中佣人已用着，小妹腹泻已好，家中一切仍和你未去以前一样，好婆也很健康，昨天把园中两个圈中全种了菜，母亲进医院，小阿姨住在家里。从香港九龙寄来的信，已收到勿念。敬祝

　　安好！

儿 拙叩上

十月八日傍晚写，十月十日寄

捌 ★

一九四〇年 十月十一日 （鸿姨给父亲的信）

姐丈：

今晨（九时）家中事毕到院去，见姐恰稍有些腹痛，到下午一时一刻即产下第六小妹妹，体重七磅有余，现姐疟病已止，姐及甥均安，请勿念！姐意请姐丈替小小妹取一名字。

家中自伯母以下均安，亦请勿念。诸甥都很乖，所以飞姐与我都勿麻烦，我等身体亦健。

这几天霞官[1]亦很乖，早晨带小妹到校，放学领小妹回家，文校一切有诸先生费心。在这几天里我不预备到校，有空时就到院去看阿姐。家中只要饭事安排好，姐吃的东西煮好，我就可以跑了。晚上小妹有大阿姨照料，拙行逊有我负责，一切可勿念。

院中探望时间自晨七时至晚上九时，故我晨七时就叫阿五去，阿五等我去后他回来送饭，到傍晚阿五再来，一直等到八时许我同阿五回家。

妹 一鸿上 十月十一日下午二时

---

1. 霞官：亲戚，已见前注。

玖 ★

一九四〇年 十月十四日 （鸿姨给父亲的信）

（缺首页）

这里自伯母以下身体都好着，新添的小妹妹身体也好，博习[1]里小人另外住在一个地方，他们不许我们去看的，可是我每天至少要去偷看一次。这三天姐还没有奶，据姐告诉我，以前都是第四天才有奶的，大概今天总要有了。

现在是三天中有二信给你，以后每隔一周或三四天写一信了，请姐丈勿望，祝

康健

妹 一鸿敬上 十月十四日下午一时

---

1. 博习：苏州博习医院。

壹拾

一九四〇年 十月二十一日

四哥：

　　我是十九日出院的（住十天），今天是回家第三天的早上，精神很清爽，试试写了。我回想这几天医院生活，是糊糊涂涂过去的，只记得产后第三天晚上，梦见你来了，明早就有寒热，胃痛一天，余下都很自在地过去。到十六知道你的电报来了，快活得又发热了，现在觉得比前几次产后弱一些，出汗，唇白，腿软，大概过些日子就会复原的。食每次两碗，已吃过两鸡，乳汁够吃，小孩整整八月一天出生，只五磅[1]，就用奶妈恐怕也很烦心的，决计过两三月再说。母亲十天没有见面，觉得面色很好，食量也不差，一碗半一顿，喜欢吃红烧肉。一元钱肉，单烧开了，吃四五天，老人家很高兴，种菜种豆，豌豆苗已吃到了。三孩很乖，不讨人厌，也很健康，只小易增加了几分娇气。你的痔疮，我常是念着可否趁早就医，如针治可愈，可即治。希望趁大战未开始前，多多来信，行不肯写信，所以没有他的信，以后大约一周发一信。勿念。

贯　二十一日

---

1. 五磅：前鸿姨一信称七磅，或当以此为准。

顾太太究如何？念念！

重庆所发信已到，读到侄孙的一段，真是可喜，可慰！告诉了母亲，母亲也很快活。

耦园城曲草堂，其二楼正中为父亲书房，即补读旧书楼，《史记地名考》在此写成

壹壹.

一九四〇年　十月二十六日

四哥：

　　回家已一周了，精神自然觉得好多，不过尚未出房门一步，坐的时间很少，觉得没有力，吃量很好，每餐两碗，加吃豆浆或晚点。奶现在够吃，这几天奇冷，大小孩均穿两绒绳衫绒绳裤，小小孩用汤壶[1]。母亲在我出医院的前一天，患疟病，服白药三次即愈。家中一切仍由鸿管，颇有条理，我并不烦心，闻伯云夫妇，将于二十日后来苏，鸿将待他们来过后回去。荡口[2]祥瑛伟长等处均嘱小宝写过信去，昨日得汉口大姐来信，谓近况颇安，春间来苏，已嘱小宝致复。昨日得郭太太来信云，罗款已由莘田陆续奉还，经郭太太解释后，始允去信罗处，一问究竟，你处要否去信与罗问问清楚。此次住医院十天，共费96.65元，连同茶房赏金，及带回药品共83元。在家病五天，医药等费几近十元，酬谢陈医30元。苏官嫁9元，霞官19.2元（硬敲竹杠，出来有些不高兴），其他就是叫米一担半，又买菜等零用，你离家才一月，500元已用尽。这里的生活程度比一月前又涨了，米60元一担，肉一元钱十两，菜蔬油类亦均涨。绸缎布匹，亦涨得极快，昨天一鸿替我剪了一件棉袍面，价8.2元，做起来须里子4元，棉花1元，缝工4元，一件衣服做成要17元，我不想做了。拙行逊实在太乖了，我回来一周，从未听见闹过一次，学校回家，看书写字，早上吃了上学，

1. 汤壶：夜晚灌热水床上暖足用之。
2. 荡口：八叔时居荡口。

晚上八时睡觉。小宝胆小心细，思想不开展，学校功课，都能应付。舒秀[1]曾有一信一片来，一切如常。预计日程，该有信来了。你一切想安，很盼来信！

贯　二十六日

1940年堂兄伟长（前排右一）出国留学前，与父亲（前排中）、堂姐舒秀（前左一）及亲友合影

1.舒秀：堂姐。

壹贰

一九四〇年 十一月二十四日

四哥:

二十一致顾太太信,附一纸或已收到,半月不接来信,盼念不止。昨读来信,方知曾伤风倦卧四天,颇念!现在想来已经复原。乡间饮食大致太差,与人同桌吃,添菜似不方便,你能于每天早上吃鸡蛋两个(每元五个),晚上或下午,吃花生一包,橘子两个,如此补足消耗,或较有用。豆浆有买的没有?亦宜吃。总之作客在外,惟有自己注意,一人饮食,究竟有限,万勿过俭致伤身体。一月汇款一次,似太麻烦,三月划两次,或半年划一次,校方能通过么?昆明款非必要时,不必划来,家中如无特别用项,尚有三月粮,此外幼帆处以及版税,凑凑还可做一月用,姑待学校商妥后再汇沪。闻成都丝绵不很贵(苏州九元一斤),昆明衣服不知何日到,我意请顾太太劳谋,做一袍一裤,备在乡寒冷时穿,所费不出两百元。省了钱,冻了身子,太不值得,希望你能做。燮和处我再去信催,版税好像不满百元,伟长尚没有信钱寄来,此后等伟长有钱来即汇去。六弟处,我尚未寄钱去,拟到年底寄去。八弟前欲向幼帆丈取款百元,幼帆丈要幼帆告我的,钱未照付,又去信,请幼帆丈[1]调查是否正用,酌给几十元,尚未得复。伯云家尚未去,昨日到杨家去住了,两三天后来此转沪。昨日放学后逊儿发热,今晨已退。拙儿大致复原,只稍瘦。行脸色较腴。易

---

1. 幼帆、燮和、幼帆丈:或均与战时沦陷区与后方分散家庭之间互相划款有关之亲友。

很强壮，渐知认字，见人就求教，……大。母亲服中药后三天不发了，饮食如常每餐不满二碗。晦[1]每天吃奶糕两块。劬华拙儿等都去吃苏官喜酒，我未去，我身体大部复原了，血压不致太高，夜间失眠时不多，只是懒得动，而终日总是无空时。下星期一拟去医院检查，出行有便去照相，你看见了，一定说我胖了。一切幸勿念！写一信总得放三四回手，不是晦哭，便是有人叫。这信写了两天，共五次，又有人叫我了，不再写。祝你康健！

贯　二十四早

我们的房租出三间（双照楼底及木房两间），姓黄，约六十，有妻子媳女，孙女在怀抱。月租十元。王德生介绍。

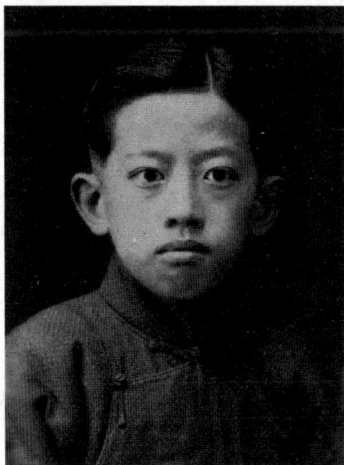

少年的钱行

1.晦：父亲给新生的妹妹取名晦，后改为辉。

壹叁

一九四〇年　某日

（首页缺）

必要时，雇一干领妈子。鸿妹来此已近一月，内外一切由她一人办，我在医院，她日必来两次或一次（送午饭）。飞校事忙而规严，自我到医院至出医院，学校里缺过星期六上午半天，陆先生[1]尚发说话，其余仍照常早出暮归。霞官吃过苏官喜酒（二十七）住回家去，因预备嫁时琐事，苏官嫁后三天旧病复发，昨日男宅嘱人来叫雪官去，病至如何，尚未详知，仓街[2]事，实在太热闹了，二嫂、慈姑娘，轮流来我家，向小娘娘告状，我怕烦，偏来和我缠。我家老妈子，因疟病回去，现在雇得年轻些的，做事尚勤，阿五虽顽皮，做事肯出力，我在医院时他送早晚两餐，终日奔跑，无倦容，陆妈来而回去安家乃失信不来，现决定再过一两月添人，劬华身体似较前好些，现不就（下缺）

---

1. 陆先生：或为飞姨校中主事者。
2. 仓街：代指住仓街某号的几家亲戚。此信中一些人名多属之。

壹肆

一九四〇年 十二月十四日

四哥：

　　二十二接信后，至十二月十二再接信，二十一天没有信，盼念不止，不料彼此同情，你等我信而不写信，我等你信也不写信，致信少而徒劳悬念！这太吃亏了。我想以后不论接信与否，一星期大家准发一封信，你谓如何？知道你健饭，冬衣将到，很慰！家人也个个能吃饭，大致菜蔬稍差，饭就多吃，诸孩亦每餐必一碗半或两碗，劬华嫌中午饭费贵（十元二角，我照给，她省了储蓄），在外吃面，两餐在家吃，必三碗多一顿。母亲大人两月来似病非病的，我实在无办法，即前信所说的吃饭噎，医生邻人都说像老熟，吃药无效，当心着食物，不噎。近几日精神好转，终日在地下（前些日一天睡半天），能自己做馄饨吃，只是添上了满身红疙瘩，发痒，人说皮虚，又请陈医看，说是疥疮，昨日起涂药。仲暇今日来，谓款准年内付些，家中款已用着飞妹的。现在我是自朝至暮，伴着母亲和小晦，实在太单调了，老是头痛，痛得眼前发黑。有人来，可以减少我头痛，现在人都走了。小孩们尚没有来，写至此，再也写不下了，就此结束。

贯　十四下午

壹伍

一九四〇年　十二月二十一日

四哥：

　　昨得来信，知你尚未接得我二十三发的信。这信我寄城里的，未知遗失否？这几天我们家里，以祖母为中心，小孩们回家，总先问祖母好些否？其实说不上不好，天天吃量不差，只不能吃饭，一吃就打噎。星期日看我们吃饭香，要吃饭，我就盛半碗软饭，蹄膀佐膳，先吃肉好吃，第一口饭不噎，第二口就不成，结果还是煮面吃，吃一碗大约六两面。前几天，请中医看，吃药无效，陈医生我曾和他商量过好几次，有药止噎否？他云吃饭噎，吃别的不噎，为何吃药，何勿把吃药的钱，买些好东西吃。现在就照他的话做去，每天为母亲买一元钱食物，酱鸭酱肉水果点心之类，爱吃的随便吃吃（今天早晨吃团子一个，粥一碗半，皮蛋做菜，中午两碗半粥，酱鸭酱肉佐膳，下午四时，吃面衣豆浆，夜里菜粥两碗。鱼肝油每天吃两次，还吃些红枣和猪油）。我想陪母亲到博习去一趟，母亲坚不肯，你看这病究如何治法？为母亲置寿器事，现在又托幼帆去办，并非别的，只因将来恐更贵，而没有好货。曾托王印若表兄（七哥哥）在苏看过，价须六百元，似太贵，所以又到乡间去打听，如亦昂，拟定六百元的，你谓如何？并希勿误会而空着急（母亲天天起床，且喜出门到王家陈家[1]玩，有时在花园散步）。小孩们的吃，真的比较清苦些，每天大众吃的菜，不出

---

1. 王家陈家：近处邻居。

一元五角，米饭外，吃些面食，不吃零食。行逊较壮实，拙仍很瘦，易病稍瘦，除拙外（吃不进）都吃鱼肝油，豆腐浆嫌糖贵（一元二角一斤）而不吃。昨日拙等四人去照相，下星期可以寄给你。我精神兴致时间都够不上。账未结，只知已负债六百元，乘领学生之便投邮，即此止。

一贯 二十一日

稠园里当年父亲会客的地方：城曲草堂一楼西侧

壹陆

一九四〇年十二月 二十二日

四哥：

　　十八日接你五日信，知你已接到我二十一写的信（附顾太太的），此后有二十三、五、十五三信，谅已陆续收到。这几天母亲大好，每天另添较可口菜（肉类为主），食量很好，早晚吃些★糕米食，中午吃面，疮敷药后亦见好。小易曾患肺炎，又是请医吃药敷安福膏，幸三天即退热，现在已复原。今日过冬节，又不免瞎忙一番。你失眠，或许是想家所致，家中一切，与你在家时仿佛，你不用掂着。前几天母亲体况不如以前，我见了颇难过，想不告诉你，偏都老实写了，你知了，徒劳你远念！现在确实好多了，三餐饮食都由我预备，早晚两次，劬华侍奉，中餐我与母同食，每夜约定明日食面或其他，菜隔两日换一次，零食点心，叫飞带回，老人家很快活。说不出怎样安慰你的话，总之你不用惦记。仲跛夫人来过一次，缓日我也该去一次。乐山既如此诚意相招，可否在年假里去一月或两月，别处之招，姑且拒之，我又愿意你住久些。贺次君仍愿相从，可否在顾先生处进一言，给他一较好地位，他尚未结婚，已否订婚？燮和处由伯云来信说，已两次寄出收据，我曾发两信，尚未得复。达人家开吊尚无期[1]。我母时时伤风，胃病亦时发，父亲知觉更迟钝了。鸿于上月回去住了，有时白天叫她来些时，我怕出门，两月多只回去了三次。物价又飞涨了，鸡蛋要一角半一个，米两天里涨四

---

1. 达人：胡达人，父亲友人，无锡第三师范和苏高中时同事，是在苏州掌崇范中学，任校长。《师友杂忆·苏州中学》有忆及。

元，我家开支，实在惊人，上月里单米面两项已付出一百三十元。详男袜子一元五角一双，草纸由两角五分一刀涨到四角，照现在看来，三百元一月开支，必先有预算方可，拟一表，预备一月份试行。

米 90.0 （一担半）

菜 60.0 （二元一天）

油 10.0 （十一斤半）

柴 80.0 （八百斤）

盐 1.0 （三斤半）

酱油 4.0 （七斤多）

糖 5.0 （0.96 一斤）

房金 24.0

电费 10.0 （合票 1.67）

佣工 10.0 （两人）

鸭食 18.0

杂支 48.0

合计 300.0

如此支配，真叫只有吃没有穿，有应酬就要溢出预算。我自己写的信，已发出七次，在医院时，有飞鸿的信，你能都收到否？信封纸贵，每次可寄一份你。

贯 二日午[1]

---

1. 查万年历，1940 年冬至是阳历 12 月 22 日。这里的"二日"应该是笔误。

壹柒

一九四〇年 十二月二十七日

（缺首页）

……刚完，梅花将开，今日搬进屋中，中间屋子，满室皆花，石蜡红菊花都欣欣开放，小柏与盆竹，亦青翠可爱，几个北瓜都坏了，只剩一个三脚的没有坏，母亲夏天辛苦所浇的南瓜，共收着十个，每逢小毛来烧南瓜吃，现在都吃完了，我家的租户，人太杂，王德生太马虎，弄得不好，我叫他们明春搬。余容后详。

贯　二十七日

此信写五次才成。今日系小易生日 [1]。

这一月结算用三百九十余元，下月无应酬，或可省些。

---

1. 根据小易生日，定此信写于 12 月 27 日。

壹捌 ★

一九四〇年　十二月二十九日（连同下一封，拙、行给父亲的信）

爸爸：

　　前日接到一信，昨日又连接一信，你所说的年假中每天教一课，大阿姨说：还可以办到。年假完了，每星期两课，大阿姨说不能办到，因为星期三六学校里也有功课，在上课时二阿姐[1]和三弟也一同读，小妹也带在旁边听，到现在小妹居然也能背出小半课的《新丰折臂翁》了。现在人阿姨教了我们五篇占义和二首诗，上星期日我们把所教的古文完全背诵了一遍。母亲说今天烧菜饭请大阿姨吃。家里的山茶花都开了，鲜艳可爱。家中一切人都好，勿念！敬祝

　　冬安

儿　拙叩上　二十九日晨

　　大阿姨教我们书的题目:《新丰折臂翁》《茅屋为秋风所破歌》《永某氏之鼠》《旅夜书怀》《破山寺后禅院》《桃花源记》《习惯说》。

---

1. 二阿姐：即勖华。

壹玖 ★

一九四〇年　十二月二十九日

爸爸：

　　前天接得你的信，所以我写了这封回信，来报告我们家中近事，我们家中的大都非常安，小妹读书也很用功。还有你叫我们备些菜给大阿姨吃，所以今天我们叫妈妈烧菜饭给大阿姨吃。顺祝

　　康健

　　　　　　　　儿　行吅上　十二月二十九日晨

　　今日母亲加病，急欲请医去，容医诊后再告你详情。昨日诸儿写信时母亲精神很好，今午同吃饭（母亲吃稀粥）忽打噎，现已平。不过我很胆小，怕下次吃再噎，所以现在拟往达人[1]校（早晨托飞妹去商而未有回音），商请何医，恕不多述。

　　　　　　　　　　　　　　　　　　　　　贯

---

1. 达人校：即崇范中学，胡达人为校长。

二、一九四一年

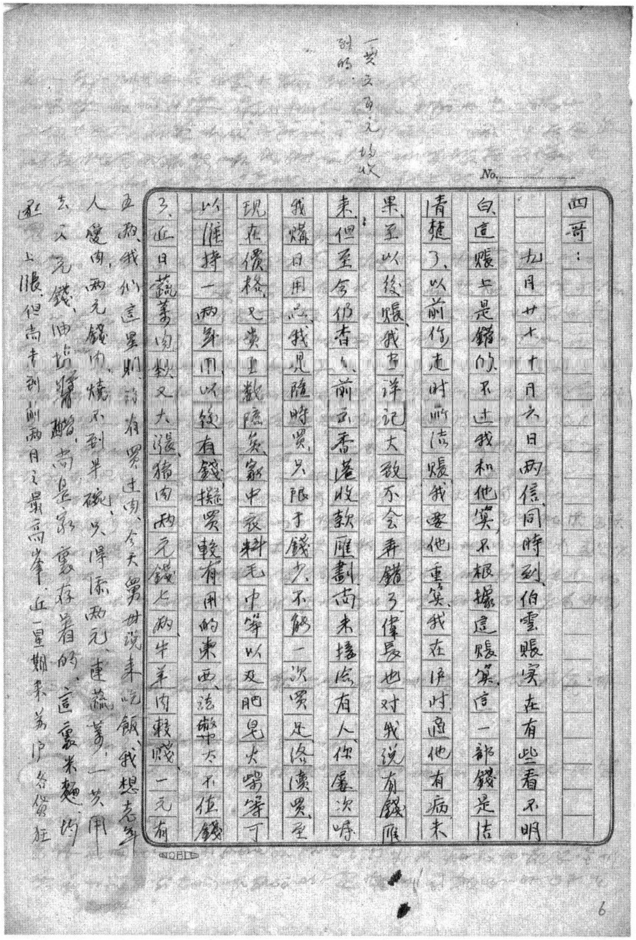

一萬二百元均收到的。

No.

四哥：

九月廿七、十月六日兩信，同時到，伯雲賬實在有些看不明白，這賬上是錯的，不過我和他算，不根據這賬算，這一部錢是估清楚了，以前你走时所活賬，我要他重算，我在沪时適他有病未果，至以後賬，我当详記，大致不会弄錯了，偉長也对我说有錢匯来，但至今仍杳杳，前云香港收款匯劃尚未接洽有人，你屡次嘱我購日用品，我見隨時買，只限于錢少，不够一次買足，陸續買，至現在價格，又貴上數倍矣，家中衣料、毛巾等以及肥皂、火柴等，可以維持一兩年用，所以趁有錢，擬買較有用的東西，法幣太不值錢了，近日蔬菜肉類，又大漲，猪肉兩元錢一兩，牛羊肉較賤，一元有五兩，我們這星期請有買过肉，今天舅母说来吃飯，我想老爷人愛肉，兩元錢肉，燒不到半碗，只得添兩元，连蔬菜，一共用去六元錢，由於醬醋，尚是家裏存着的，這裏米麵均漲上漲，但尚未到前兩月之最高峯，近一星期来，前沪各貨狂

6

贰拾

一九四一年 一月三日

四哥：

　　昨母亲昏沉整日，服药不见什么，吃豆浆一碗，米粉粥一碗半，藕粉一碗，橘子一只，胃口极坏。又请陈医来，诊后服药，睡一觉极好，今晨精神好转。六弟于十时来，见之甚快，一天经过颇好，食量较昨日稍多，陈医又来，谓脉很正常，大致挨过冬天，就无危险。现在我们都放心下来，只对母亲食物调养上着想。六弟刚到，谈谈母亲病况，及一切琐闻，他家中详情，尚未谈及。明后日当嘱他写信给你。朱妈有信来，有意来苏，我写信去叫她，她来了，我或省力些，现在里外大小一人办，真有些干不下了。

贯　三日夜十二时

　　今晨下去，见母亲大好，有胃口，想吃新鲜，有精神，肯说话管事，几与前星期仿佛，一星期的紧张，现在可以放松下来，今日起母亲如正常见好下去，又要每星期写一信了。你勿念！

一月四日晨又及

贰壹

一九四一年　一月十一日

（缺首页）

……到，一定寄些他们。祥瑛有一信来，我去复，至今无信来，你寄伟长的信，早寄出，我处从未接到过伟信。白塔巷[1]已一月多不去了，一鸿常来往，只说父母都好，我实无暇顾及了。鸿妹同事，郁不来了，后替者姓顾，是飞的外甥女。闻汪郁周下学期在崇范任教务主任。舒秀姐妹因无县民证不能回乡，飞为学校里要参考，预备年假回乡去取。教诸孩读，我也常在心上，只先生太忙，学生不用功，恐怕效力很少，我预备做他们的不支薪不受聘的助教。（八日写）。今日是十一，三日来母亲福体稍见起色，食物能饮鸡汤冲鸡子，顿数加一次（每日五次），昨日起有些口渴，爱喝茶，我劝她多吃橘子。这几天，为接洽母亲寿器事，一日必出门两三次，经过颇费周折，容暇时详告。约定十三日开工做，质料系柏木，买的是老柏四段，解成八块，连做，大约不出六百元，东西很坚固，人皆云便宜。我想再趁早漆，钱一时汇不出，慢些也无妨，这儿打算好了。幼帆的已寄来，仲嘏共给我二百，未说明是本是利。一切的一切，幸勿为念。至于侍奉母亲病体，你有想到的，详细指示我，我一人实无商量处，只到夜睡床想，致连夜失眠。诸儿均好，亦希勿念，附照片二纸。伯云有信来，谓寄来坎币75元，因上海无此银行，故欲退

---

1. 白塔巷，外婆家住处。

回，嘱再换美金寄来。我脸色发黄，四肢无力，走一步，举一杯嫌累，拟服"利凡命肝膏制片"，五百片瓶约三十余元，此药不知好否？你可知道吗？

贯　十一日

讲课风采

贰贰 ★

一九四一年　一月二十三日（幼华姐给叔父的信，后有妈妈的附言）

（缺首页）

教完后就背或默，三弟和小妹很是专心，三弟也和我们一样背或默，小妹有课《新丰折臂翁》差不多可背大一半了。我校报告单还未拿到，拿到后再禀告吧。现在附上一篇作文，请　四叔替我改改，顺请　福安！

侄女　幼华叩上一月二十日

此信写而未发，刻读来信，知你为母亲病而心绪不安，我又悔着把此消息早告诉你。我怕不把母病的经过告你，万一不幸的话，骤遭刺激，不好，现在希望你自己珍重。这里有六弟在，一切可与之商，六弟侍候病人很小心，我与彼轮侍候食物。

二十三午续

贰叁

一九四一年　四月二十八日

四哥：

　　二十二发一信，二十三接你四月七日信，知你接到一鸿开封面的两信，这信因为并寄一封，加邮贵，乃拆封分开寄，比较省些，鸿临时到邮局拆的。此信前，大概无信。因为这一段时期事情多，身体精神不好，少写信。现在胃病长久不发了，只精神顶不好，有人来谈半天，必舌破嘴碎。温度常是不够，饭倒很吃得下，每餐三碗，我很希奇我这样似病非病。前几天顺小女孩种痘之便，请陈医检查（我为谨慎计，去请问医生，这几天食量很好，食物麦食为多），一连三次查验，他云亏损太多，当好好调养，调养好了，腿或可有力。他劝我打肝精，我不爱打，拟天天吃肝，试一月看，温度会正常否？你不要想我弱到如何了，我现在的确好好的，每天应付家常事，小孩放学后照常看他们写字读书（现在学校早上课，晚间放学也早一小时，不得不在家补充一小时），功课完后与他们散步园中。一人在家时，不感太寂寞，只诸孩放学后觉得热闹些，我现在只顾我们几人事，希望你在外平安。我们在家都无病痛，外边什么都不管，倒觉得颇安闲，我不想有任何人来扰我，白塔巷他们[1]很希望我接父或母，我一些也不想去接。昨日有一旧同学来我家，要我出去做事，她要住我处，被我婉谢之。前天决定了买东西，特请子明（蔡表弟在义隆酱米号）来商，承

---

1. 白塔巷他们：指舅舅妈妈们。

他帮忙，三天里办成，总算吃亏中的便宜，只要你慢慢地有款来，让我付还人家。这几天小女孩种痘发热已九天，明后天可好了；易出痧子已第六天，再有三四天当可出齐；行昨今两天发热，大致也将出痧子。我有五六夜整夜不上床了（小孩出痧子，我很有经验似的，不慌不忙，挺其自然，只请了一次医生，夜间恐着冷，所以不敢睡，一切希勿念！）。在无办法中，叫鸿每隔一夜住此一夜（母亲[1]不能离鸿）。十八的那天，出门为小女孩种痘，照相，我也照了一张，现在两照都寄给你。祥瑛已久无信来，暇时当写信去。大嫂自沪回，知伟长寄款确不多，她预备去讨人欠款，据云人没有碰到，母亲过世后她无一事能满意，我也顾不得了，反正亲族中有人见，总之她的言动无人能捉摸。我很念劬华，不知病况如何，她们老不给信我。上海王家，我早给信，月仙嘱报丧，后知因寻不到而未去，我乃给信燮和嘱转告。诸孩读书颇感兴趣，这几天学校在测验，隔几天会写信给你了。

贯　二十八日

---

1. 母亲：此处说的是外祖母，不是祖母。下面母亲过世后，则是说祖母去世。（上一信在一月，祖母在病中，此信在四月，中间的信则不存了，此是谈到祖母去世的第一信）

贰肆 ★

一九四一年 五月四日 （逊给爸爸的信）

父亲大人：

你的来信已经收到，我读了十分高兴，也很愿意再翻译一篇卖鱼妇给你看，原文我也抄在后面，改起来可以看看。二哥天天在床上玩纸看书，玩得很高兴，寒热还有四分，陈医生说明后天一定会好，勿念，再谈吧。敬祝

康健

儿　逊叩上　五月四日

左起拙行易逊兄妹四人

贰伍

一九四一年　五月二十六日

四哥：

　　昨晚得你五月十六信（易读信有十多字不认得，教了她，她明白后，高兴得很），知你先后接我五信，想来信件彼此无遗失（飞鸿先后有照寄你，谅早此信达）。关于你复我的一切，我都知道了，你不必时以我身体为念，今日疟已止，虽仅五次的寒热，体力精神，亏损无算，前几日形容憔悴，人疑我大病后，昨日起已渐健复，我此次自信身体不如从前强，知谨慎保养，决不使酿大病，万望勿念！（你嘱慎饮食宽心境，我常记在心头）诸儿一切，亦听着你的话，教养他们（小六官的照，你收到没有？）。现在新搬来的人家，是上海商人，现在调查所知，男主人在二月间曾吐血一次，遵医嘱静心调养，住此，日以钓鱼网鱼养鸡为消遣。我们小孩见了，也很喜欢，为回避他们计，我们也买了十多只小鸡，给孩子们玩，预备养到半大吃鸡肉。做了一个捞水虫袋，天天在水滩边捞，诸儿放学回来，赶开功课，忙着到水滩边，玩了一阵，回来吃饭，睡觉（放学后到吃夜饭，我一刻不离他们，有一次我发热，拙儿还要拉着我起来玩）。我们现在过得很好，静心等待着国难完了，你回来，即有人有小病，亦不自扰乱。花没有添买，现成的分出了许多。你仍留此很好，郭绍虞据我观察，不会去成都的。近日天气亦转热，每日洗澡换衣朱妈尚能应付此等事（朱妈工涨至十元一月），小女婢年仅十五，颇能做事，用人总算得力。你来信无遗失。王德生花样实在多，最初电表上做花样，每日给他赔出四元或五元电费，我不和他计较，另设法与他分闸。玻璃厅另租给谢先生，收费每月五元。最近又修好外边更楼，预备外孙养肺病之用（大女儿之孩大男年十六岁，患肺病第二期），复又要我们加房租，补押租。讲意气，不愿加给他，都是他一人作祟，为宁忍计，加几元一月，现尚未解决。前几日又得伯云信，谓舒秀病由沉重而转轻，费已化去三百余。伟长仅九百元，所化在千五百左右，此项均由伯云垫，缓日将账单寄伟长（伟长前日来信云，不汇钱至川，所以你也不必划去）。大嫂处自舒秀病后，已几次信去，汇百元去，尚未一复字，真使人纳闷。

贯　二十六日

幼年的钱易

贰陆

一九四一年　五月三十一日

（缺首页）

昨日端午谨以鲜石榴花金丝桃致祭母亲灵旁，拙儿采树头枇杷两枚，供奉祖母。去年种西红柿区，种了红赤豆，另外一区南瓜丝瓜黄豆是孩儿纪念祖母种的。

经济部分，你汇出的百元已到，商务罢工，版税通知尚未出来。近几天我在通盘核算，人致也不人了，我们不着急，如你五千元逐渐汇来，可买十几亩地玩玩。朱妈处已托过人，或者有，届时可托仲嘏办这件事。做母亲行述的材料，我再去催他们，世芳事我并不为他忙，我只托了达权、咏裳二位先生，现尚无眉目，我们只通两次信，现又音讯隔绝。

我母病体，已在不可治之时期。前星期日下午，偕诸儿去白塔巷半日，星期三我到慧灵[1]治疟，顺便去了几小时，看我母形容消瘦得不成样。而千里[2]尚未知，怕烦得铜圆掉地声嫌响，他回来时，无线电仍照常开，我测他惟恐母亲不速死，现在我并不认真，只有听诸，我也不欲多回去。舒秀此次病，起初凶险得很，后来易医治，三日而能起写信，伯云报告得很详细，所费恐在四百以上，大嫂处我去信通知，且寄一百元去，仍不见有信来，我也只能听诸。今日拟作书伟长，告以舒秀病中经过。（伟长只九百元在沪，现已用去一千五百有余，添上

---

1. 慧灵：苏州有慧灵女中，离白塔子巷（外婆家）不远，但治疟和慧灵的关系不明白。或许教会学校也有医生？
2. 千里：舅父。

你代付祥瑛四百，总算已亏，祥瑛处准不要划款了，如有伟长嘱寄祥瑛之款，就和他转去。）

　　　　　　　　　　　　　　　　　　贯　三十一日

耦园双照楼

贰柒

一九四一年　六月某日

四哥：

　　前三日得五月十一信，知你已久未得家信，我只有一个时期约一月未写信，此后每星期一次信，想可陆续递到。行儿这星期调养得很好，昨日至陈医处核查，谓已复原，过磅得重五十一磅，拙等四儿，亦都健硕。我五天里两次发热，大致系疟病，看明天再热，要吃药了。昨日偶阅账簿，不禁大骇，自你离家至今仅八月，我已化七千余，除二千存货外，母亲病中及丧费约二千，日常用款二千余，现在每月开支总得四百。此地物价之高，亦非想象得出，鸿妹买三双袜子，化去了五元七角。飞妹买三双短袜，送两双短袜给小妹，共价七元余。我嫌太贵，到玄妙观给三儿买顶粗的袜子十双，共六元，还是新开店，便宜二角一双。这里做短衫的粗布，也需一元五角一尺，缝工做衫裤，需二元八角一套。即蔬菜肉类，及日常应用品，涨得莫名其妙。一热水瓶开水，五分钱，记得你在家时，二分钱水，可装五瓶。

　　沪米价一度涨至一百六十元，近日狂跌至一百十八，较苏地贱。现在苏州好米要一百二十余，糯米一百二十六元，近日尚是贱一些，最高时，亦曾到一百三十元。（下缺）

贰捌

一九四一年 六月七日

四哥：

这几天忙着舒秀病中信件往返，病五星期，前三星期，饮食不进，中西医束手。后经伯云请医诊，两星期能出门吃饭，最近且云，能应学年考试，可云幸矣。惟所费几六百元，大嫂处寄钱去，不得信，恐彼佯言没有收到，又托幼帆催她复信来，至前日始得彼一明片，云款已收到。舒秀病已愈，彼尚未知人家为她女儿费心费钱处，我亦不欲多与她信讨没趣也。舒秀病中，伯云有详函，我拟转伟长。劬华回去后无大病，云暑后可来，我拟于暑中促她早来。祥瑛母子八字已寄来，待荡口无锡的都寄来后，交与仲瑕，此择吉看风水事，均托仲瑕办（家谱拟再去托仲瑕取来）。我现在不到荡口去，待秋后去，我去时，拟带轿夫一名，女仆一名，宁勿惜小费，谨慎从事，届时如情势上不便带小孩，只好大的四个留家。总之，我当谨慎小心，你不必惦念！今日舅母纪念舅父死后三十周年，在家做礼拜，叫我们去。我们三姐妹去，飞鸿由校去较近，我一人独行，至天赐庄，不认识路，化二角钱坐车去。回来同走，到家不很累，腿亦比较以前大好，此是你离家后我走的第一次长路。这一星期经过很好，诸儿都好，我母亦较好。我现在白塔巷实在不常去，天热了，更怕走，车一动非三四角不行，要白塔来回车，须八角。且我母怕烦，我实不高兴去，今日鸿告我。千[1]允请医给母打葡萄糖

---

1. 千：即千里舅。

针，明日起打。昨日叫木匠一工（价五元），把下面安乐国[1]前后窗，吃饭间窗，会客室窗，都打开了，预备我们下楼住，有了小小孩，在楼下方便多多。前日致信六弟，请他们暑中来苏过夏（因彼家一小屋，六弟在锡，费用颇大，他在苏州，肯到书房翻翻书），不知他们会来否？如来，我处虽稍费，而他们比较的可省一些，留作置衣之用。前几天，张君动身前三十分钟里告诉我，我又虑他不会找到你处。他又不敢带新东西，所以就胡乱拿了些。顾太太精神渐佳，颇慰渴念，便中代转言候候她，告之恐她嫌烦，故不给信她。蔡家表弟子明（履初堂弟）在义隆做事，人颇有情意，托他事情，很热心做，较之金家第二甥相去远矣。记得前年欲托他叫一担米，他拒绝，现在我们食米，都是子明代叫。米比较好，且价格便宜些，前日又送来虾子酱油两瓶，我要谢他，他总是很客气的，且常常问起你，你如有暇，写一信附来专诚谢谢他。现在房金每月加六元计三十元一月，租出的连电费二十二元一月，他们不长的，或者不过夏就要回上海去的。我因为胆小，急欲有人住了壮胆，所以把双照楼割爱租出。事有凑巧，昨日来一位四十多岁女人，有女一人，欲租一屋，谈起米，知是飞前大儒同事之姐，人很会说话，就把安乐国上面一间东北开窗者租给她，月租六元。那边楼上，我们只剩两间木房子和厢房一个，放些零星物，楼下全部空着，不预备再租人家。现在物价不涨不落，米或有回落，至百余元一石。诸儿现将大考，功课不十分迫他们，只在每天写一张字，和每周上两课，我督促在旁，让他们知道正经些。水滩边玩，做老例了，天天要去，有时叫佣人陪去。买书事，只能等飞空罢，谢先生太呆，不敢相信他，五月二十三信，今日到。

贯　七日晚

---

1. 安乐国：一间房内有此匾额，即以此名此房。

贰玖

一九四一年　六月十八日

四哥：

　　十一发信，十三接信，悉你已回成都，顾先生不知如何了，你又决定行止否？顾太太病况又如何？一切均念！其可置产事，已商诸多人，据云颇不易，到秋熟后，不知有否巧遇，惟价格甚高，须彼约一数（须多少地，价如何，除浒关别处行否？）。去年朱妈那边卖去二亩地得价五百八十元。又你欲买英文书，我又与飞商，彼云总得到暑假再说。我性急，拟托谢先生先看看我们家里几本书（因为怕买重复了），再托到观前去买，不知可成否？行儿现在热已退两天，一切都好了，只要调养，结果还是伤寒。三星期请了陈富文四趟，顾寅一趟，蒋艺涵[1]一趟，转了一次方，服二剂中药，这么一来，连买些橘子面包之类，又要化去八十元左右。现在起家里个个都好，希望着勿再生病，我胃病虽有时要发，实在是顶轻的；脚不很好，酸痛是时常要的，不过进医院治疗，尚非其时（伯云托人带来一瓶肝膏制片，据云补血特效，我问过陈医，他云可以吃，效验等于肝精注射，现在与行同吃）。现在只有食物上小心些，或者慢慢地又可好，至少不会厉害。今日飞鸿代我到布厂买布，共四丈九尺，化 36.85 元。

贯　十八日

---

1. 陈顾蒋均当时名医。

叁拾 ★

一九四一年 七月三日 （逊给爸爸的信）

父亲大人：

今天是你的寿辰，我们晚上吃面，我在家远祝你永远健康。今天是我们暑假的开始日，我拿了报告单和奖状回到家中，看了一看，很是快活，为什么呢？因为我是考了第一名，总分 81.72，得的奖状是品学兼优。二哥是第四名，不知他得几分，奖状也是品学兼优。大哥不晓得，只晓得他是第八名。小妹第二名，奖得两块糖。今天我们吃了午饭，约了汤柏生拾了许多假山上掉下来的生矾，搭了两座小假山，上面种了几棵小枫树，很是有趣，种好了就写这封信给你。家中一切都好，请勿念，再谈吧！祝您

安好

儿逊上 七月三日

钱逊

叁壹

一九四一年 七月十九日

四哥：

　　这次信又相隔十二日，盼念不止，近日得读平安消息，慰极！近日虽酷暑时令，而气候反冷至盖棉被，穿绒线衫，近日转热，潮湿特甚。两月来苦疟，时愈时发者五六次，今日决意打针，以后想不致再犯。假期中诸儿活泼健康，只苦无人照看。飞早晨为三儿上十五分钟国文，十五分钟算术，七点半离家到校上九点半课（暑期补习每天一时）。下午替人家补课，直至六时后才回来。鸿在家侍母病，兼顾学校，两姐妹均忙得很，我也不敢请教。六弟等亦为暑中学校有事，须缓日来。为和[1]决意要升学，拟投考光华，想设法一住处，最好求得一服务地（做些小事），一面入学读书，想托托吕先生，你谓如何？为琛[2]于十五号与陈君订婚（系中央大学毕业生），秋后即结婚。新得大嫂一信，云家中均安。伟长夫妇，已久无信来。近日物价又激涨，蔬菜二三角一斤，时常有买不到的，面粉三十元一包，米价稍落，一百五十元一担。

贯　十九日

---

1. 为和：表哥。
2. 为琛：亲戚。

叁贰

一九四一年　暑假某日

四哥：

这次你的信又没有准时到，诸儿又将盼念不止！每逢土曜小孩必盼信。这一星期里，小孩们个个康健，早上读几分钟书，做做算写写字，空来尽是玩。近三天里，晚上六时至六时半温温英文，是我特请飞妹早回来半小时，给他们一人五分钟的教授。我上午和他们烦了半天，下午补补袜，做做鞋，一些没空看他们了，尤其到六时左右，说话都怕了，晚饭后，只想是睡。小猫夫妇[1]小冲突，走来告我，我不得不去一趟劝劝，总算听话，已和好，可是我倒费去车力一元另五分。现在车力之贵，实难形容，出入只能走走。米价算是由一百六十跌至一百四十，肉二元钱只买到十四两，我们几孩一顿吃得完。四天没买肉了，小易提抗议，只得请他们小吃一顿了。大饼要一角一块了，一人吃一个，就是六角钱，钱实在太不值钱了。西瓜最贵十五元一担，我们买的是十二元的。

潘佑荪[2]先生见过一次，现在听说不在苏。达人先生子已毕业于交大，已经出门做事，前几天（下缺）

---

1. 小猫夫妇：亲戚。
2. 潘佑荪先生、达人先生，父亲的朋友。潘佑荪，苏州人，前清进士出身，早年曾在日本留学，专攻法政。与父亲为忘年交。1930年秋，二人曾结伴一同前往北平，应邀到燕京大学任教。《师友杂忆·北京大学》有忆及。

叁叁

一九四一年 某日

四哥：

　　十四、十五、二十三信先后读悉，知你很健，很慰！母亲葬期，仲锴已来云，要进冬才能择定，姑待之，大姐处已去几信，尚未得复音。至母亲葬时受吊方式，我曾与仲锴商，他意正式开吊，待你回来后定。安葬时，口头通知亲族，不受礼，我意届时或发帖、或登报，不依讣闻格式，措辞另拟。主的是告人母亲安葬，不以虚文周旋，不受现金礼，不请人吃，如有挽联哀辞，请送本宅（现在请人吃饭，真是大问题，伯云家去秋父亲开吊安葬，化去 1000 元，如今物价又涨一倍多矣）。你谓如何？下信告我！母亲大殓时，外家诸侄均来，金姐全家来，尚有我家亲戚友朋，青回、仲锴、萼辉来，五七仲锴夫妇……（下缺）

　　冬天你如能回来，那是最好，我们这儿老是这样盼望着，恐未必能成事实吧？

叁肆

一九四一年 九月二十八日

四哥：

这星期没有接到你信，家中一切如常。鸿妹决意不去海上，唯学费已由舒秀代缴，又想恳吕先生设法取回。此次因为和欲考光大，继以鸿妹考光大，已两次烦人，兹又欲收回学费，我真难以下笔写此信，然而又不得不结束此事。乃于昨日致信舒秀，嘱代恳吕先生向校方取回，措辞谓鸿妹肺病复发，不能入学，可否商请退回学费云云。琐琐相告，要你于通讯时，代我向吕先生道歉道谢。

以中先生现住沪，欲任教兼经商，便中你可专函托彼留意飞、鸿二位姻事。此次飞病，鸿不欲入学，我很感觉到如此局面我责任太大，且我精力渐衰，凡事早求卸责为上策。（二十四写至此，因事搁置，直至二十八再续）

二十七早晨接你九月十一、十五信，详悉种切。一切事推进得极好，为和入学后，已有信来，身体未曾加坏。一鸿准不去光华了。母亲七事已了，我无须回去，他们事我决不会再去瞎管了。现在鸿早出晚归，安心服务，饭由校役来取。飞亦健复，照常服务，午饭由吴家送去吃。拙儿到校已一月，功课能应付，途中有三两小同伴同行，均我预先在育英认识，看他们像样，由我劝他们同去崇范的。范庄前[1]较育英远两条半巷，早晨一趟，似稍累。放学时在文山休息些时，待大

---

1. 范庄前：巷名，崇范中学在此巷。育英小学，我们兄弟都曾在此校上小学。

阿姨回到文山，再同去吴家（离文山五六家），约近六时归家。如此又不觉远。

　　我们日常的蔬菜并不太俭，每天总得四五样，牛肉已吃了多次，鸡蛋贵而买不到，不常吃。晦儿确有营养不足征象，因此孩生尚未足月，生后奶水不足，满月即食米糕，小时尚足维持，稍大虽改吃粥，菜不会吃，少许菜汤实不足营养，服陈医药（据云增加维他命 BC）渐见肥硕，唯大便每天一次总是稀。我身体寻常看来，的确很好，为着奶少，心跳（不厉害，上楼梯觉累），曾到陈医处查过，据说心脏不很好，还是缺维他命 B，开一方，五十粒丸药要几十元，我不曾买，因为我确不到吃药地步，还是买些蔬菜豆类吃吃。现在上午诸儿到校后，有一两小时安静时，随便看看书，很少出门，下午做做针线。

　　汇款香港事已去信沪上询问朱一焘先生（前曹胡徐巷房东之弟）。带白短衫裤两套，短裤两条，现已寄至祥瑛处，当时以不知何时可到，故未言及。李同曾事，我已去信至李，嘱缓，曰得见面再谈。母亲葬事，现正托人进行，俟有决定当即函告。

　　胜男认识异性友，如顺利能玉成好事，大姐从此多有靠旁，闻之颇慰。明年你真能归，途中可探望大姐一次，她不能来苏，准不去相强。舒秀学费已缴出，最近大姐来信要钱，我已去信至沪，设法寄去。祥瑛出国预备自费吗？如成，要从沪上走否？三百元汇单已到，款尚未来，邮汇汇水如何？病后精神想健复，极念！

贯　二十八日

叁伍

一九四一年　十月二十日

四哥：

　　九月二十七、十月六日两信同时到，伯云账实在有些看不明白，这账上是错的。不过，我和他算不根据这账算，这一部钱是结清楚了，以前你走时所结账，我要他重算。我在沪时适他有病，未果，至以后账，我当详记，大致不会弄错了（一共六百元均收到的）。伟长也对我说，有钱汇来，但至今仍杳杳，前云香港收款汇划尚未接洽有人。你屡次嘱我购日用品，我是随时买，只限于钱少，不能一次买足，络续买，至现在价格，又贵至数倍矣。家中衣料毛巾等以及肥皂火柴等可以维持一两年用，以后有钱拟买较有用的东西。法币太不值钱了，近日蔬菜肉类又大涨，猪肉两元钱七两半，羊肉较贱，一元有五两，我们这星期没有买过肉。今天舅母来吃饭，我想老年人爱肉，两元钱肉烧不到半碗，只得添两元，连蔬菜，一共用去六元钱，油盐酱醋，尚是家里存着的。这里米面均逐一上涨，但尚未到前两月之最高峰。近一星期来苏沪各货狂涨，幸亏我没有钱，否则又将急得买贵货，预计待你逭款到，涨势略衰，可以买些需用的东西了。你在家时我买的布（蓝白各一匹）尚未舍得剪开用，可是价涨四倍了，那时可惜没有多买些。

　　你体况健，精神好，自是很慰。我们这儿一切很好，行儿曾患感冒（五天）现已愈。鸿妹住我们处有一月多，家中事不闻不知，倒也很安逸，闻下星期一将为父母开吊，届时去了一趟不知再隔几时会见他们面呢。世芳嘱划百元与同曾，想已办。祥瑛能出国否？昨得大嫂信说今年母亲安葬，万不可行，且待明年上紧。前在沪见《正言报》上童书业一篇文，不知你见到否？附上。因欲乘鸿妹便付邮，即此止。

贯　二十日

枕波双隐　耦园住佳耦　城曲筑诗城

叁陆

一九四一年 十月二十五日

四哥：

昨日（十月二十四）接你十月十一日信，我在十一日也发一信，不知何时到你处？李同曾借款，世芳知道的，近日接世芳信，来商每月由你处寄五十元给同曾，由世芳每月划五十元与我，我想如你处寄递方便就允许她照办，你谓如何？前世芳到民教馆去，我以一时尢法，介绍她去，当时我心里很不高兴，曾写信给你的，不知此信是遗失的，还是你看了带过忘了。鸿妹准不去光华，不过舒秀早替她缴费一百余元，费都缴出现欲退而不得校方允，请长假一学期，留作下学期学费。此事弄来很糟，吕先生处实在太说不过去了。衣裤已寄至祥瑛处，这几天百物腾涨人心惶恐，我们的电费，上月用十度，缴去二十元，恐这一月还要涨些。

拙儿在校年龄确系最小，体格却不小，座位在第三排第三行。现在正举行月考，英、国均九十分以上，算差些只有 67 分，下星期还有考。行儿因感冒请假一周余，现已健复，下星期可到校。逊易晦均好，晦周岁日去照一相，附上。

后天是父母亲大人开吊日，明日或有客来，哥弟都忙得很，我觉得这不是喜事，忙来好不得劲。昨夜思念双亲致失眠，近日颇倦，拟早睡。即此止，祝你身心愉快

贯　二十五日

叁柒

一九四一年 十月三十一日

四哥：

十月十七信今日到（三十一），详悉一切。邮汇 300 元已到，疋款想不日可到，到后准提出 1000 元，以期稍得盈裕，以后当加意撙节，幸释念！深恨不能分你重负，处此年头一人负担一家，真不容易。现家中起居饮食，都很舒适，盼你于饮食方面勿过节省，不要单顾了家，忘记了自己，不知到何时，才得当心你饮食起居呢！母亲葬事，今冬风水不空，事实上也不能动。因为现在苏荡交通不方便，待明春交通恢复即着手筹备，无论如何我必要到乡下安排一切，现母亲灵柩存泥顺桥华家庵内，算是安稳，可勿念。（前信云：想在筹葬期托大嫂，葬时须循礼排场，六弟等也必请他们去，只不用僧尼等虚套，如外家有人来，他们意欲道场者我亦不欲拂他们意。）

现在楼上（安乐国上间）有一租户，母女二人（是飞、鸿同事之姐，姓张）不久也要迁沪，楼下安乐国与双照楼下住二大三小一家五人系河埠陈宅内弟，待楼上张家迁出后，楼上独住不再租出，比较清净些。

汇款事商诸服五，未得回音，如伟已汇至仲兄处，想来总可转汇来，现伟久久无信来，或者又阻隔。顾太太病，恐怕割了不见得会好（邵曾缇亦患肾病，发觉即切去一肾，三年后又一肾亦病，不治而亡），颇念她，但觅不出一法以慰她。此次到沪前曾致信舒秀，欲拜访吕先生，吕先生知之，即告舒秀，欲等我到沪后请吃饭，我到沪后，恐扰搅他们，故未去，待我走了，送去虾子十元，送了十个月饼给舒秀，现在像他们那样，想来还好，因为无小孩，不浪费，开支究竟还省。施先生家，想来一定很苦的，除赖园有别处为他介绍否？赖园似不相配。

家里自中秋以后，行儿患恶性疟，拙儿亦患感冒，现已愈。因行亏损颇多，打肝精一瓶，医药所费又出百元。诸孩学业均稍有长进，拙儿入中学功课均在上中，行儿能看《洪荒鸟兽记》，今晨讲来很有劲，逊儿能学看《三国志》，易儿爱学算，能写乘法口诀，此或可慰你远念也。前夜吃晚饭，大哥多吃牛肉一块，易不敢与我计较，只一人呢喃着"我不要，我告诉爹爹，大哥多吃一块牛肉"，引得大家笑起来。

舅母将不起，亦所谓老熟，现由陈医介绍至博习医院住。我患足湿近二十天，痛得夜不安眠，在前星期里是严重期，大足趾结一疮，状如豌豆，给陈医治，云非割治不可，乃于上星期日到陈医家上麻药割治。割后痛一昼夜，至今一星期坏处尚未痊愈，痛稍杀，行动颇勉强，但不能不动。

这一月来，市面突变，各物涨风，为从来所未有，一般薪水阶级，无不叫苦！现在一小教员，恐只能维持个之一餐。昨日到两客人（为鸿做媒人）系惜叔子媳，买二十个馒头做点心化去两元钱，我们有好几月没有问点心价，觉得很奇突。他们来说一位商人，有两小孩，我答以打听详细再定。且待有消息再告。

贯　三十一日

叁捌

一九四一年 十一月十一日

四哥：

十月二十六信十一月八日到，适我疟疾复发，整三日夜，不能行动，不进饮食，今日已止，温度降至 96，此次亏损较多，大致非一周后不能复原。一切自知谨慎，幸勿念！

上月每虑拙行二儿精神不佳，结果行自患疟始而热不退者两星期，瘦弱甚，欲于此次病后补足之，乃以 43 元之代价，托人觅到一瓶 10cc 利来牌肝精打十针。学校索请假一月，现已复原，且较病前肥些，于星期一到校。拙儿出红痧，亦一星期不到校，晦亦患疟一周，现均愈。

鸿亦于父母亲开吊时患恶性疟，现飞亦复发，惟很轻，这里的蚊患，殊可怕！现在渐渐的清除草根，以期明春草少，蚊亦减少，池子里只能养鸭子或鱼类，惟如此预算，做到颇不易，即做到后，蚊果能少否，又一疑问。总之凡物利弊，是相对的，地大宽敞，住着舒服，利也，蚊患，弊也。此屋因典主催赎，大致不到年底要解决，王德生有意叫我们典，我考虑至再，不能自决，你谓如何？下信告我，我可决定。

此房目下已不如昔，破房走廊拆去，水厅、更楼均有人家，空地王家种植，假山北我们住宅未动，只两棵桂树割去三分之二枝。谈判起来，王德生不肯独归典主，至多以假山为界，价讨七千。在我们着想，难找房，典下便宜，今至蚊患又有些可怕，如果典的话，我预备

上世纪九十年代，七房桥老屋大都已毁，仅存主屋地基及旁侧一间

问飞鸿借钱，暂时还可以。

仲嘏子孟亮现住我处，大约一个半月后回去，乃母回七房桥收租去，幼帆今年七十岁，我托带两件袍料送去，在四月间买的价不满二十元，现在非六十元不可，想此礼不致太薄。现在到荡口，颇不容易，须经两次手续，领取通行证书，才能走。母亲葬事，只能暂缓预备。我去沪的几天里，为你剪了两件袍料，一件是粗布，一件是毛织品的，价一百十元。当时恐你嫌贵，没有告诉你，可是现在一百四十元都买不到，我想到你穿着时，一定不会嫌贵了。你的棉袍破了没有？厚的夹袍，有没有做起来？棉夹何者实用望告我！如需用，做好了，得便可以带给你，衣裳实在太贵了。和平兄弟[1]各买一件衬绒袍子，价一百三十八元。我们拙儿做棉袍长三尺三寸，以今日布价论，极粗的，尚须四十五元，棉花四元六角一斤，火油三元八角一斤，洗

1. 和平兄弟：表哥，时在苏州。

衣肥皂八角一块，再过三天，各物又必一涨。草纸一捆要十七元，一飞替我在同事处买到一捆便宜货十五元五角，付了钱，结果没拿到货，给人家抢去了。我以此种日用品，消耗颇多，即以退回之款，买次一等货，价十三元，结果剩了二元五角，是便宜，是吃亏，算不出来了。现在要买，说着便买，过十五分钟，就会变花样。这次我们的钱，迟到五日才拿到支票，七日付银行取八日拿到。信已来，款尚未到苏，我只着急，就近借了些，买了两担米及零星物。总算起来，这次我们已吃亏了，待明日款到后，先除去欠款，再须购买日用品，此地银价每两在二十六元以上。记得去年这时，也是狂涨时期，物价如此狂涨，若至明年再一次突涨，恐难维持之家更多。像我们专靠薪给者，亦一日难一日，现在我们是抱着得过且过主义，然终非善策，我老是怀疑着，以后要困到如何！

你在外一切安好，我们自然很快活而放心的，不过总觉得你一人忙，实太辛苦，但亦无法分你的劳。盼你饮食勿太苦，胡家能常做菜你吃，我虽不认识他们，但是很感谢他们，你所余的布送给他们罢。顾太太真苦，苦在无小孩，顾先生之冷淡，大约也为此，对否？女人的命运，早就注定的，儿女缠绕寝食不安，不足为苦，无儿无女，真正苦，是老太太们口头的老调。

星期一起诸儿均到校，饮食亦如常，孟亮来此仅四天，亦颇惯适，只惊奇拙行看书快，学力恐不如拙，惟品性习惯都很好。家中琐事，现均托鸿做，外间接洽，亦由她去，我有三星期未出门，只昨天去医院看病一次。

贯　十一日

又：王以中通讯处拿着了，即寄。

邮票加价，这里也闹着，听说航空要一元另五分，确否？

此信迟发二天。

小孩们不肯写信，下次你附一信来，叫他们写。

1941年秋拙行逊易辉兄妹五人

叁玖

一九四一年　十一月十八日

四哥：

　　昨日接来信（十一月三日），悉一切。款已到，忙着分配用度。三天内，已两手空空，你不要着急，我如此浪费，这是我有计划用的，比较困在银行，可以少吃亏些。李同曾处在阴历年底前再要一百五十元，你可以抽出寄去否？前欠由乃姐分期拔还我。

　　这几天苏州市面，仍在狂涨声中，一盒洋火，计八十余根，卖到四角钱，划一根洋火，就得半分钱，我们做三次饭，至少用二十根洋火，稻草不算，洋火就得一角钱，其他不必说了。这种生活真使人啼笑皆非，这里面粉与米价同，我们幸亏叫好了三包面，现在尚未吃到最贵者（上半年百元四包，现在只两包）。山芋也算奇货了，四孩吃一顿山芋当点心，总得五角钱，我们日常菜蔬，菠菜豆腐猪血都吃，肝不常吃，吃一次肝，非两元不行。菜油又奇贵，220元一担，我们叫着的是180元的，已经贵了。

　　诸孩近日颇好，仲蝦子[1]来后，拙行逊学大样，起居饮食都有节制，早晨起来，不烦我穿衣服矣。孟亮颇活泼，很讨人喜欢。昨日家中姑母送来麦精鱼肝油一磅，价55元，易见之眼热，我不预备给他们买了。若我们诸孩个个吃豆浆鸡蛋，已将60元一月，现在鸡蛋给他们当菜吃，豆浆小的几个吃了几天不要吃了，暂时停下。（晦儿毕竟最吃

---

1. 仲蝦子、孟良：同一人，族中堂兄。

亏，去年这时适母病，未暇顾及，今年又以我病而忽诸致患疟，患肠炎，虽则短短十天病，而瘦得可以，今日已完全无病，快活如常。诸孩写信了，一张一张的，恐过重，抄在一张上，失去了他们的字迹，文字没有和他们改，你请看吧。）

昨日接伯云舒秀来信，悉伟长汇款，燮和有不尽实处，稍待，当定神想办法，去信询问，当以不伤感情为原则，同时拟去信伟长处，寄款来，暂时改寄伯云。明日系十月初一（阴），循例要做道场，我预备煮几样母亲生前爱吃的菜，斋祭一次。回忆去年此时，母亲下种之豌豆苗已吃数次，今年才于前星期日下种。我疟后，食量未能复原，据陈医验血结果，疟虫多得创记录，幸而非恶性疟，否则很危险的。

我化八十元，买好六斤重的棉胎六个（现在要一百九十元），你回来时可以都用新棉被了。

贯　十八日

肆拾

一九四一年　十一月二十四日

四哥：

　　十一月八日信昨夜（二十三）到，一切知悉。这一星期来，家人个个都好。我疟后食量复原，精神已渐恢复，我们日常吃用不致太苦，牛肉较猪肉贱，且有益，入冬来，天天吃。豆浆不加糖，行、逊、易不爱吃，待买到糖后可吃（糖价4.6元一斤，尚买不到，看情形，再过半月，能稍贱）。冬衣拟稍添置，这几天缝工又涨价，一件棉袍，工价八元，幸亏棉花布里都有着，比较的可省些。一匹蓝布（你在家时买的，可惜没有多买），刚够做拙、行、逊各人一件棉袍二件罩袍，一切幸勿念！孟亮大拙儿四岁，体高与拙儿相仿。行长得也很高，不认识者见之，均呼之为大哥，盖以其气派雄伟，只稍瘦。逊儿仍瘦小，样子比较的漂亮些。易儿胖胖的，我们呼之为江北大雄鸡。晦儿病后，智慧特开，近一星期里懂得读书，看花，颇着人爱。

　　星期补课，现在已继续三周了。版税此次系140.20元，北平郭家，时通音讯。……的存放，在明年7月前，大致无问题，因我已付房金至七月。曹家仍住此宅，闻第三儿已生，……的到到而已。

贯　二十四日

又：

鸿妹不爱去上海，我亦听诸，下学期去否，她未明言。旭弟[1]近日颇爱妻女，时常回家，饮食寒暖再三顾及，母亲有灵，将含笑于地下矣。

偶拣照片，得拙儿在夏季摄一照。似未寄你，此照系我父五七忌辰，惜叔偕拙儿去摄。此时较瘦。

二十一元的旧邮票，拙儿要，便中寄来。

这几天金价银价米价均骤落，惟零星物品均涨，洗衣肥皂 1.5 元一块，做鞋面的黑绒 26 元一尺。

两次来信，均粘四角邮票，是否加价七分？闻此地邮局将于下月加价，加多少尚未知。

胡家仍有菜面请你吃否？时时以你吃得太苦为念，你在家时，悔未请你好好的吃一年，不知何时能同来尝尝家乡食品。顾太太想已入

（下缺）

---

1. 旭弟：旭人舅舅。

肆壹

一九四一年　十二月十九日

四哥：

　　航邮中断，已一月不见来信，自是颇念！惟有默祷你那边平安如常，聊以自慰。

　　我们这儿一切无异，只受着孤岛剧变的影响，银根紧，物价高。家中自世芳来后（她因千兄辞职被解约来苏玩），略具生气，夜间或雀战四圈，白日可与散步园中，短时间内，不忍她回去。诸孩身体均健，饮食颇上轨道，虽粗食，均有定量定时。行儿已能进两碗一餐，鸡蛋血汤牛肉是常有的荤菜，明日冬至，拟杀鸡两只。诸孩本学期功课除拙儿外均弛懈，年假中，拟请世芳、一鸿，略分飞妹之劳。拙儿进初中后半载懂了很多，且知节省，品性学业均可过去，常以家长自名（先生谓父兄是家长，父亲不在家，他长兄自为家长），诸弟妹亦颇顺服。晦儿智慧渐开，聪敏不亚于姐，家人均爱之。

　　世芳说你同曾处款，每月五十元，至暑假为止，最好不要中断。伯云亦有信，托划款300元与乃弟仲一（福建建瓯东门外东岳庙）。此两事，未知能否办到。如有困难者，即告我！燮和太不可靠，几次汇款，均洽收取（下所云之均舒秀来信言，舒秀账目亦多不符，拟面询之，去信查问，来信多游移，伯云又不好记账，我不得不用些脑弄清楚），经查问后，始吐其实。虽承认而未交出，最可笑者，港币九十元，他去折合现价（每元值九角），相差实太大，此层已托伯云与之交涉，我免得正面冲突，使人不好下台。舒秀现在照常上课，下学期如何，尚未知之。

数日来，为舅母垂危，万感俱集。十七日邻居来告，已不能言语，飞妹即去，我于下午去，已不认识我，延至夜间十时，于世长逝。飞妹留彼处，我独归，丁翌早去，办理丧事，十八殓十九即埋葬，一桩大事迅速了结。此或信耶教之好处，否则又将请风水拣日子，不知要耽误到何时去。舅母一生真不易，在一月前各方面自己安排妥帖，身后未用一文不义之钱。今日倦极，书此留待明日拙儿上学去寄。并祝你安好！

贯　十九夜

爸爸，昨天由夏縕工先生處轉來金松芩先生的一封信還有

兩有寄病健信哥您星期一剛發一信附有抄錄的諸手繁年總

還沒收到吧這裡又兩星期沒信了最近一封是一月二日的寄

今人貴辨北平賣克文先生處的錢母親說過兩天有人北上才

託帶去吧因為銀行滙水太大每千元要一百二十而且手續又

麻煩和賣克文　長久沒信來了不知可曾搬家待有了確實信

息再說吧最近姑奇婷田鄉為母親罵咋他哥哥八叔表親而起

近今返有信息校中不是期天放大約陰曆手底放假仍不多寫了

祝您

康健

兒指平　二月十四日

肆贰

一九四二年　二月七日

四哥：

这星期没有接到你信，因此又迟了两天写信，这几天事情很多，我一一报告你，你不必惦着一切，因为事情已经实现了，那是无可挽回的。

1. 劬华病危，据说手足已不能动，恐无希望再生。大嫂要钱，我以手边无现款，只能请大嫂把母亲所遗微蓄变价应用。2. 舒秀白荡回沪，并未到我们处，我颇不赞成，现已给信伯云，打听舒秀住址。嘱她回苏谋事，且停止付她用款，一面请人嫂召她回苏做事。3. 漱六于前日来我们处玩片刻（彼以代表学校出席教厅召开之校长会议），谈起欲以荡口全部书本书箱等运无锡，我当时答以叫舒秀开一目录，如有重复而小孩们不需用者，可送一部分给他，此事如此办，你谓如何？

诸孩寒假已毕，小孩们个个上学去了，开学后大阿姨又忙了，小孩补课又将无暇，我想就让他们多玩玩，不去紧他们了，这些时健康上很有进步，个个都好。我并无不舒服，只精神太不好，前次飞妹去沪带来美药十八瓶（每瓶十粒），据说是含有维他命和补血的，是伯云送的，我已试服过两瓶，晚上还吃些阿胶，在这一星期里，觉好些。

在前五天去照一相，现在拿来了，附你，诸孩也拍一照，拍来不好，且瘦。总之，我们几个都很好，切勿念！再有七天要过年了，回忆去年今日，是我生平最苦恼之时，如今仍是苦恼，追忆着母亲的一切，周年忌辰将届，预备些祭品，再买了些锡箔，母亲对此颇重视，在母亲孝服里，不免除锡箔再预备些饭菜，预备客人来吃。急欲付邮，即此止。

贯 七日

又，伯云快信来，嘱你寄款勿过五十元，因此地不能兑现。

1939年5月在北平，母亲（后排右）、飞姨（后排左）
与拙（前中）行（前左）逊（前右）易（飞姨抱）

肆叁

一九四二年　四月八日

四哥：

　　三月七日信，四月五日到，详悉种切。大嫂屺珍[1]，于前数日，随舒秀他往，据说到汉口结婚去。舒秀自一月初在苏去荡，至今未有只字给我，此孩太无意识，我只能搁置一边，暂时不问，你也不必为她动感情。六弟仍在道南[2]，弟妇能以女工自给，且有钱补给家用，生活无虑。八弟家也颇能维持，此得自幼帆姻长之口。

　　家中书籍，本欲寄存仲嘏家，以道中有阻而罢。诸儿健康确有增进，比较地逊、晦二儿弱些。汇款无论银行邮局，均不能一次兑现，大约每月只能取百元以内。伯云说还在与一人接洽，有二万之数可划，如成则吕先生等均可解决，惟尚未得到回音，家中到现在为止。借过鸿妹七百元，以后零用，有世芳月寄百元，我为几个小学生补课（我不能离家，恰巧几个学生肯来我处就学，我也附带为行、逊、易理理校课，每日化一小时或两小时），补课所得五十元，不足则售去些多余物品，维持一年，决无问题。你不必着急，此两星期来，经济上突有转变，军票涨至7.8元，储钞亦过百元，物价高下，亦颇不一致，米已在250以上，油已超出800元关。蔬菜、零星物件无不上涨，我们饭菜，如果吃素，油非三元一天不行，如一荤一素一汤，总得十元一天菜钱。小易学校用的写字簿，十二张簿纸钉成的，四角一本，单写

---

1. 屺珍：堂妹。舒秀堂姐之妹。
2. 道南：当时无锡一所中学。

字簿图画纸两项，每月又得几十元，精密地算来，我们一家开支，千元一月，尚不敷余。想在小晦会行后，停去一仆人，一仆人至少要180元一月。

清明前一天，拙儿随学校同学老师至体育场操，偶一不慎，落公园河边，致衣裤湿透而归，幸起水尚快，未擘肇祸。清明夜，河滩西陈家同住者潘家起火，虽未成灾，而已饱尝虚惊！伯云于清明前一日，来苏上坟，今日去沪，顺便为我介绍几处房子，均系上海房东。看后有一处，在乔司空巷尚合格，是一宅，计第一进方间、墙门间、门房、天井，第二进大厅、天井，第三进三上三下住房，前后有窗、天井，后有三间落脚屋，作厨房，天井不大，只像我们现住者稍大，有晒台一只。房价约在100元左右一月，惟现在房客还未迁出，租成颇不易，姑且去接洽再说。现在苏州找房难于上海，伯云说起开明印的《史记》[1]，他想请他们多印一份毛样给他看，不知可能否？

大姐久无信来，孟亮现已回去住，午饭仍在我们处吃（送去与拙儿同吃）。他们前欠的千元，到五月可以拔清，孟亮来此数月，我不曾算他们饭钱，他们送我半匹布，一箱三十块的肥皂，价值200元左右，我觉得不好意思。暑假飞妹有带拙儿到孟亮家去过夏（七房桥）动机，我决不定去的利害，你谓如何？望告我！

最后我想到一事，半年多未敢告者，恐你盼念也。朱妈在去年八月即回乡去（因乃姑病等），至今年才来取衣物回，因姑死不能外出。我们即换了一个十六岁的大姐，领晦儿的系十五岁的女孩，两女孩办我们一家粗事，自然赶不上大人的能力，不过天真无习气，是她们的长处，现在仍是这两女孩做。我每天比较的劳累些，精神上倒很舒适，

---

1. 开明印的《史记》：当指《史记地名考》，后来未印成，多年后才在香港以开明编译所名义印行（隐去作者姓名）。

今天她们整理两房，颇合我心意，因此就写上告诉你了。我近日精神很好，大致因两个多月来，服补血药之故，只此药价颇昂，值十元美金，系伯云托他们亲戚买的，他们吃，分送给我的，我受了这份情，他日总得送些东西给他们。

贾　八日

父亲中年照

肆肆

一九四二年　四月二十日

四哥：

　　三月十九信在上星期里接得，本星期没有接到信，颇念！昨夜梦见你归祭母亲，泣不成声，从悲痛中醒来，枕上已为泪沾湿矣。自为和夭折后，精神太委顿了，几乎夜夜必梦，梦醒必哭。若长此以往，恐有碍健康，不得不自己找方法，转换心境，拟于写信后一人去寄信，遛遛观前，买些东西。伯云为着店中买卖清，闲着的时候，拟着手著作，《汉书》他读过几遍，想从三国一段时间找题目做，和我来商量。我只好答他写信，问问你。你的《史记地名考》，他很欲先睹，他愿意替你校，这一层我也不知是谁在校，你有暇时，答复他一信。校中汇款，尚未到，据伯云说，有人可划五千，待商妥后，当飞航告你。燕大有位胡太太在沪，是郭太太的朋友，由郭太太约介绍，与我通信，曾言胡先生在蓉于华西见过你。想来这位先生我没有见过的，这位太太年很轻，大致在二十左右，有三位公子，大的只像我们易儿大，最小的不满半岁。现在介绍慈姑娘做保姆，家中开支之大，是人所想象不到，待人亦很和气，惟以太放任小孩，人多不乐与相处。这几天的商情，大行情百物均落，而零售店仍上涨不已，听说洋火有一角七根零售，洋皂四元五角一块，蔬菜更贵不可言，韭菜五角一斤，稍迟即买不到，几天来猪肉停售，更弄到卖菜人均叫苦，昨日有猪肉卖，六元八元一斤不等。城内米店，多数开门而无米，升斗之家，均往城外买米，每人限购三元一角，计二升半糙米。米店门口，排着很长的队伍，由警察维持秩序，一人买到二升米，少得费二时，多得半天。恐一年以后，时局仍如此，轮到我们去买米，奈何！像我们柴米油盐总算均有，只菜蔬零星，一天十元不够，以后如何，实不敢去预算。

现在最可安慰的，诸儿均健康活泼。江郁周的婚事，至今未决，最近有人介绍飞之侄女五官[1]，在电话局做事的，不知你记得起来否？如成功，别太滑稽了，二人绝无相配之可能，因汪家颇有三分架子，而五官则像一个满不在乎的人，知识很粗陋，样子很魁梧。顾太太想来健康些了，我时时念她，便中代我致意。又想说到诸儿身上来了，我只觉得拙儿实在懂得太早，读书亦很能应付，在外不致讨人厌。行儿太任性，他说东必东，说西必西，字写得很不成样子，屡教他好好写，总是不行，现在只有信你说的，此儿必成远器，且静心待着。逊易爱玩，读写不用功，晦儿较诸兄姐敏慧，简单语，都能说，只体质太弱，尚不能独行，因此迟迟未为断乳。仲韬家千元，到现在拔清，息金三年未付，我未与之算，义庄款到年或可取一部分本金。蓉辉之子五官，拟单行出门，为乃父所阻，现约待你归后再出，挈伊同行。清芬堂[2]亦有几个肯读书者，后辈中总算有几人能读书，可以慰矣。听说现时期中是破产时期，最近有人在卖出公账田，拆庄之议，亦将成立，我们惟有不闻不问，否则反招祸。瞎写满纸。即此止。

　　　　　　　　　　　　　　　　　　　　　　　贯　二十日

沈勤庐弟自港回沪拿你所留箱存浦公处，现浦公不知何往，故箱我仍未拿着，此乃王以中先生来告我者。

---

1. 五官：此是说子女中第五个。这信中两处说到两家的五官，一个女，一个男，是两家的，不是一个人。
2. 清芬堂：无锡钱家之一族。

肆伍

一九四二年 六月二十一日

（缺首页）

……角，一块橡皮四角，易一把刀二元，八支较美的铅笔八元，要敲大阿姨的竹杠，没有敲着。为着菜贵，天天蒸馒头吃，存着的两包面粉，快要吃完了（买的时候，七十五元一包，现在二百六十元一包），吃完了，恐怕不值得买了。现在米每升六元，金价每两五千七百元，士林布一千二百余元一匹。这次我有了钱，买每人一件夏衣料，一条短裤，五孩共五套，化去四百八十余元。陆伯云拟汇千元至建瓯东岳庙陆仲一，不知方便否？如汇出，告我汇率如何算法，我可向他算，匆颂安好！

贯　六月二十一日

肆陆 ★

一九四二年 八月三十一日 （拙给爸爸的信）

爸爸：

　　明天是九月一日了，邮费又要增加了，所以在今天写封信给你，报告家中的一切。家中的两个女佣都先后辞去，母亲起先预备用一个人，自己看六官，但是试了两天以后知道不成功，因为六官看见了母亲就要吃奶，有时饭也不吃，所以现在母亲把六官暂寄在文山小阿姨处。一面写信给朱妈，昨天李仁和的母亲来，年纪大约近五十，母亲想叫她看六官，再寻一人做烧饭吊水等粗事，等今年秋天把六官的奶断去后再用一人。六官很有趣，阿伯常骗她买糖糕，她也很要阿伯，上月同居李家到上海去，大阿姨叫他们买了两段泡泡纱下来，六官会说泡泡纱，并且常常对大阿姨说："阿伯做，泡泡纱，新新囡囡，看看。"前晚大阿姨的新衣服做好了，六官穿了喜欢的在地上走来走去，逢人就说阿伯做。看见了你的照会叫爹爹，小妹有时哭了，她就说："阿姐不要哭，乖，阿伯买糖糖。"

　　学校中已开学，后天要到校上课，家中人一切都好，请勿念。敬请

　　福安！

儿　拙叩上　八月三十一日

肆柒 ★

一九四二年 八月三十一日 （行给爸爸的信）

父亲：

久未得手谕，想念非常，忽得手谕，已悉 大人福体安康，家中具安，愿勿念。

六官已极活泼，看见人就会叫，昨天大阿姨给她一件泡泡纱做的衣服，她穿去了对二表兄说："泡泡纱，阿伯做"，引得大家都笑了，她也笑了，笑得跌了一交，真有趣啊！敬祝

福体安康

男 行叩上 八月三十一日

肆捌

一九四二年　十二月十一日

四哥：

　　今日接十一月十二信，知你青神小南街尚未去信，现在准把此信寄粹芝，请她附一信发出，你接信后，去信那边接洽。他们乡间的款，已经划出，由粹芝自沪汇出，明后日当能收到，款数系新币三千元。我体况不健，并不觉得是心地不畅所致，大致疟疾伤血太厉害。四月来陆续患疟八次，每次总得四五天，消瘦得不成样子，面色似贫血，经检验结果，尚未到贫血症的程度。最近半月来，渐见健旺，略食猪肝豆浆之类，添服维他命制剂（去年疟后进补而服剩的），系美药。据陈医生言，功用颇大，惜乎今年虽贵而买不到了，去年买时，美金五角十二粒。你境况佳胜，自是宽怀，惟于精神不济时，常是挂念不已，此乃常情耳，你也不必以此为念也。

　　昨天傍晚，拙、行尚未归，与易、逊散步院中，谈及冬日游戏，他们同声赞赏下雪，晚饭后各成一文录后：

冬日游戏记　　逊

　　朔风紧吹，时序已届冬日。一日，余与兄同至假山洞中，见积雪深尺许，遂与兄作滚雪球之游戏焉，后邻家一少年，谓我等曰，来雪战否？兄曰然，遂开始雪战。

　　又一日，余与兄以索作跳绳之戏，忽兄双目凝视树枝，继又谓余曰:"速将索投我手中。"余乃如兄言,即套索于树枝上成一秋千,摇荡不已,其乐无比。

冬天的游戏 　　　　　　易

　　冬天下了大雪,我们都喜欢雪,哥哥们拿了雪做雪球,大家来雪战,掷来掷去,掷到那边水厅上去。

　　逊儿爱文言,学校有短篇选文,他能背诵,易儿看书较少,有意而不会写,你看他们程度及格否?下次当嘱拙、行各作一文寄上。

　　房子仍没有觅到,大致准明年搬了,一切幸勿念,即祝

好!

　　　　　　　　　　　　　　　　贯　十二月十一日

肆玖

一九四二年　十二月十六日

四哥：

昨晚（十二月十五）接读十一月十六信，知你拟决意叫我们去你处，我们自然是很高兴，一切姑先准备，惟我常常考虑到而要和你商酌的是：

1. 旅费要多少？待国难终了后，可以得着较便宜的旅费否？

2. 我们到后，家具是否均需自备？如需自备，其费想亦不赀，二三年后，如离此他去，这又是损失。

3. 有了家眷，一切想多牵制，一定要累得你不安。

4. 经常开支，恐怕两处合并，不致更大，现在我们这儿月出千元（合计两千）。

5. 万一到后，我体仍不健，更将累你。

假使费了极大代价，能得安定住下几年，那么还值得。如果你只为了我身体不好，就不惜牺牲一切，叫我们去，总得估计利害得失，而定行止。我急欲知的，我们去，要消耗若干钱？拖大带小的，在外边方便否？现在不比以前，一切都得依你那边的景况而定。我愿意你不要太为我们着想，我们在此，生活上算是舒服的，只是诸儿学业，是太浪费时间，得不到实学，最后的决定，当侧重在你那边。如到后不很麻烦，且所费不太大，我就决定走。如果时候不长久了，再稍待些时，可以省钱省事的，那决定再待一两年而走。自从去年十月后，行、逊、易没有不舒服过一次，拙有过两次疟疾，晦自断乳后，日见肥硕，星期日拟为他们合摄一影寄上。

昨日又接粹芝快信，初拟划六千给我，今改一万，我恐你处无余裕，复他信云，如可分期划出就全部留下，否则少留为要。芝处有我一信，系十二月十二所写，她确定划款数后，即快邮寄你。我此信，亦拟寄快信，两信想可同时到也。阴历十一月初七，为母亲除座，漱六等只通知了他们，不曾叫他们必来，金姐恩寿嫂请他们来的，又到了些三姐慈姑娘、霞官、旭人等客，葬事待明春惊蛰后，决即择日举行。

我们这儿房客，都迁空了，昨日他们与我来接洽，说是年内要我迁空，仿佛办差似的，我且应他看着屋即搬（较好的房屋，苏州实难找）。不搬，他们也无可如何的。因为他们早已答应我住至明年三月。不过，我们看屋，还是要看的，如果明春走的话，总有未了东西，也得安置。如走不成，还是要住的，迟看还是早看。暑假时花驳岸五间屋只要四十元一月，现在要百元一月，再迟或将加至二百，现在用钱，太无标准了，也太预算不出了。

我最近身体渐渐的有力了，每早又出门买菜了，晦儿仍未领回，冬至必领回来。昨夜行儿偷偷的到我床上睡了，给易儿知，今夜易要与我睡，明夜准是逊要闹了，只能晦回来了，他们可以安静独睡了。拙儿最近爱读《孟子》，自己看，不懂处，问问我。

贯　十二月十六日下午

伍拾

一九四二年　十二月二十二日

四哥：

　　十一月二十一信，前两日到（二十日）。昨天冬至，祭祖，吃冬至夜饭，大小阿姨，均住自己家去，我们这儿，就我和五儿同吃，不免有寂寞之慨！吕先生款，尚未转来，现在我们就拿芝划来的使用着。

　　最近我为看西行的问题，很多考虑，前日跑到潘佑笙先生那边去，谈了多时，他示我以铭紫（乃长子，前在协和者）自成都来信，言那边生活情形甚详。据云房租每间每月须百元，不知确否？他劝我详加考虑，且言相见匪遥，耐心处之。今又知旅费约计两万，且你屡言，两年之后，是你归期，则不如再待两年之值得也，你谓如何？

　　最近几天，沪上米价骤涨，曾到一千一百一担，影响及苏垣一切。房屋亦然，我们为这一点，更加努力找房，四处托人，至目前为止，尚无一处着落，我决意在年内看定，搬家且留待明春。如此，比较可以少吃些亏。

　　拙儿一切早懂，功课亦在上中。行儿个性太特别，算术考30分，不肯温习，对人老是不说话，人家与之话，他亦很少理人。逊、易亦不似行般特别，晦很能说话，简短歌谣，唱来很好。晦儿十九日去领归，住舅家一月又一天，养成了吃东西非两不可，吃鸡蛋也要两手两个。身体均好，今冬寒衣，还穿来很少，只绒衫棉袍夹裤，易、晦较多，均穿棉裤棉袄棉袍。我最近一月多，总算很好了，食量大增，做事亦不觉累。十一双棉鞋，在两星期里做完，棉裤棉袄也渐渐的做起来了。只是晦儿在家，白天很少有空，老给她缠着。

祥瑛已否到你处了，念念！施先生明年到你那边，家眷想同行，有他们与你共处，你可减去许多寂寞。饮食方面，或可方便些，此可稍释我念！你屡言无足悬念，我知大处不足念，惟饮食起居寒暖，时以为念，此亦欲释而不得也。

贯　十二月二十二日

拙行

伍壹

一九四二年 十二月二十六日

四哥：

这又一月不接来信，健康如何？还是事忙，或是邮递阻隔，十分悬念！

昨由上海杨建庸君汇来法币十万元，已如数收到。家中一切如常，孩子们也都好着。天气渐冷，咳喘时发，虽天天工作，体力感到不可支持。幸而新雇男仆，年虽八十，而早晨能烧粥，我可推迟下楼。拙、行八时上课，七时半出门，六时半下楼，盥洗早餐，尚来得及。孩子们上学后，我上街买菜到校，下午四时回家，做菜预备晚饭。拙、行归须五时余，六时半晚饭。夜间督诸儿温课两小时，已倦极！睡稍迟，即失眠，今冬不如去冬健，因时时念及你的健康！盼来信！

一贯 十二月二十六日

父親大人

前幾天得到手諭心中很愉快家中的人都好三弟四已經考

取了宗范希望大人不要掛念我從九阿嬸後中回來後老些時

文和交襲以及一切小說天悶熱時常到東范園去散步這幾天

這幾天大風雨東范園中的菖蒲都掛到了特五六株新栽的櫻花

壓得一株也不剩山水閣的後窗對了一大半臨山上的老柏四

被折斷卻正堂在玉蘭花上客柴松和麥陶街各被拔起一棵楓

樹和低稠的枝葉都是房生徒的屋子上㪉辟了一個樣子

東大太說這說很久有一萬元左右城牆上的風禪和城中的房

屋四和園中的圍牆連受着同㪉㪉弟運重日有一所房堂壓

毀了五圖人為可四㑇碑道都是風的琵琶孽呀願你

安好

八月十三日兒行叩上

伍贰 ★

一九四三年 一月十三日 （拙、行给爸爸的信）

爸爸：

　　接到你信的那天，恰巧是学校中大考，所以没有写回信，今天已考完，各科簿本也发回了，母亲说把作文簿拆成一张一张的寄给你，但又因怕过重，所以就在每一次写信时夹一张寄，完后请你给我们保存看。国文是沈健行先生教的，将近学期终了时，他的大女儿因患伤寒而去世，他受这打击后因精神不振而请假一月，我和二弟曾去望过他，他叫我写信时候候你。作文共六篇，末二篇不是沈先生改的，其余都是。今天早上我和二弟拿了砚台写字，墨刚停手不研就冻了起来，没有办法只好放在脚炉上烘，写好了两张大字，砚台中的墨都变成了水汽，只好不写，明天又不知怎样写。二弟信已经写好了，母亲嫌他写得太短，他说只会做作文，不会写信，所以要请你下次写信时出几个题目来。小阿姨送给我两本言文对照的《论语》，我预备在寒假中看完它。小妹生病，今天已好，共计五天，我在写信她在床上说爹爹欢喜我，横抱三年，竖抱三年，抱到六岁才不抱。敬祝

　　冬安

　　　　　　　　　　　　　　　　　　　　儿　拙叩上

又：上次去拍的照，因为不好，所以不寄给你了，重拍后再寄给你。本次共寄出二篇作文，一《暑期生活杂忆》，二《秋风的自述》。

一月十三日

北平时期母亲与拙行

伍叁 ★

一九四三年　一月十三日

爸爸大人：

　　那天接到你的信，恰巧是大考，所以没有就写回信，现在大考已经完毕，簿子都发了下来，母亲说要把作文簿寄给你看，但是因为怕太重，所以分开了寄来，请你订好了保存起来。

　　现在八官已经很大了，可以独自行走，否则常常和小妹、兀兀游戏，这两天小妹有些不舒适，所以她常常独自游耍。祝你

　　安康

男　行叩上　一月十三日

拙逊易兄妹三人

伍肆

一九四三年　三月六日

四哥：

接到你一月二十八信后，已十多天未接来信，想来在途中忙碌，少写信吧。这三周来（阴正月下旬及二月初旬），天时很不正，我先后感冒两次，虽未病倒，而亦饱尝苦楚，热高时103度，甚至鼻出血数次。诸孩亦均轮到，均卧床两三天而愈，拙昨第一天发热，今日未退，老妈子也病着，飞较轻，而喉间失音，惟行儿特好，每天加饭，一无病痛。房子这月里必搬，现决定西边小屋七间，电灯已装，灯头灯罩等，都借伯云家的，添线三圈半，连装工及零星，计费千元。想在十二的一天（趁学校放假，有人看看搬东西），正式搬过去，从此东花园将成禁地，不得自由出入矣。金坛王君，写信去尚未有回信来。粹芝处款，分两次给我，一、三月，一、六月。吕先生处款，早已划来，为去川问题，尚未有信，据我推测吕师很难出门的。母亲葬事，决计要办，拟于搬家定妥后，即往乡间筹备，最讨厌的各人生日，我不能知，大嫂处有信来，只有母女二人的生日，伟长的没有，你记得吗？望速告我！祥瑛母子的也需要的，我不信那些，而乡人偏要那些的，真讨厌呢！这里的物价，实在高的惊人，洗衣皂十元一块，小洋钉没处卖，旧而锈的，三角一只，我们每天很少与社会接触，菜买一天吃三天，惟开水天天所需，正常每天半元，有客人来，或其他用，即须加倍。祥瑛到蓉后可惯适，元凯入学，不嫌太小否？

暑后入学幼稚园或可以，晦儿在家，件件皆能，见生人即不行，暑后
亦拟送入幼稚园。

贯　三月六日

易辉姐妹

伍伍

一九四三年 三月二十日

四哥：

　　迁居西屋已一星期多，一切尚未整理清楚，弄得精神疲乏不堪！心绪很不宁静，新居系小楼四檐，楼底三间，前面天井一方，后面小天井一条，即灶位柴房各一间，仍是独居，空气阳光，只能与普通住房相较，远非东花园可比。所幸最近各部，尚在修葺中，空隙处尚非绝对禁地，诸儿于课后，尚能出入于东、西花园中。恐一年以后，决非我们理想中之住宅。

　　至于去蓉计划，我非没勇气，总觉得经济损失太大，如再过一两年能得我们见面者，我愿忍一切痛苦，以待来日也。金坛款尚未汇来，最近物价又激涨，切面3.2元一斤。昨得芝信，知彼有内进之议，如彼走成，我更孤单。祥瑛到蓉后，一切惯适否，念念！诸儿均好，幸勿为念！

贯　三月二十日

伍陆

一九四三年　四月某日

四哥：

上星期发信后，没有接着你信，颇念！家中一切如恒，新居尚安静，关着门，一切不问，颇觉自在！惟天气热，恐不胜其闷，好在花园尚非禁地，可自由走走。诸儿自迁居后，发现旧杂志，颇感兴趣，课余之暇，常手执一卷。此间学校四月一日起，放春假五天，届时拟下乡筹母亲葬事，家中叫鸿妹来照顾。

三月三十一日，崇范举行旅行灵岩，二儿都要去。今日全县初中一学生，选派代表赴南京检阅，其余的人，前去送行。行儿自家至校，整队赴中山堂，再至火车站，回学校，以时间尚早，回至文山吃饭。饭后到校，放学回家，不觉吃力，可知其健康矣。

王君处款，费了几次信的往还，款尚未寄来，大致半月后总可寄来。这里的物价又奇高，袜子一双，须十五元，洋烛一枝，（以下缺）

伍柒 ★

一九四三年　四月三日　（拙给爸爸的信）

父亲大人：

三月十二日我们从城曲草堂搬到了西花园末一进的房子中来了，这里有七间住房，其中六间有地板，一间没有，一间柴房，一间厨房，一共九间。我们住在这里已三星期了，起先几天六官不肯住，睡觉醒来就要叫母亲抱她到旧家里去。

三十一号学校中举行春季远足，目的地是灵岩山。母亲替我和二弟每人预备了两只面包，一大一小，几只山芋、荸荠，两只鸡蛋，一包豆，一碗肉带去，大阿姨也有。到了山上，就和二弟分散了，我和同学在西施洞中吃了面包，才再到上面去，回家和大阿姨、二弟一同走的，到家已晚，他们都睡着了，只有母亲和老妈妈没有睡。一号起放春假放到七号，八号到学校。

前天二表兄、孙姐姐送给我们七包花子，昨天我即种在花盆里。家中一盆水仙花开得很好，一共有七枝。

本来母亲昨天要到乡下去办理祖母落葬的事，但是孟亮哥哥的弟弟生病，婶婶不能陪母亲去，所以要等弟弟的病好后再去。家中都好，请勿念。祝你

　　康健

　　　　　　　　　　　　　　　　　儿　拙叩上　四月三日

二月十六日信，今日方到，金坛钱二号已到，请勿念[1]。

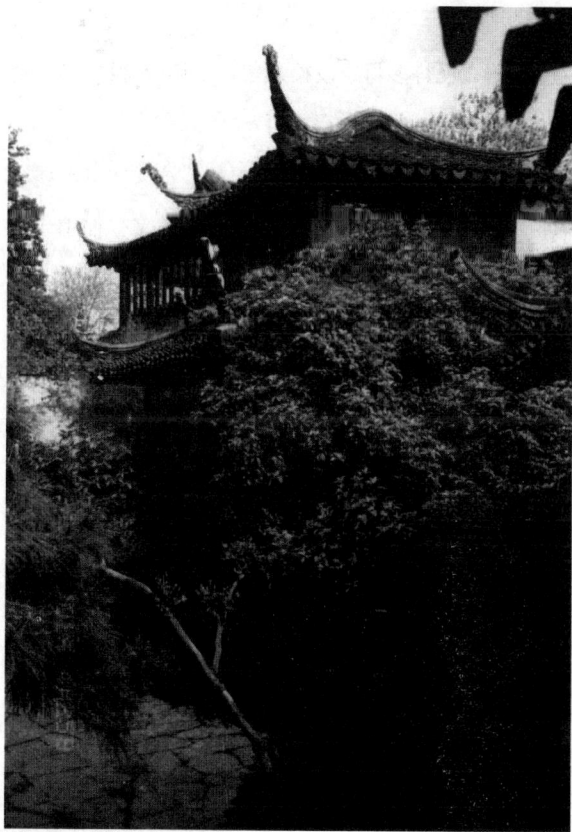

耦园听橹楼

---

1. 此处关于二月十六日信和钱款事，为母亲附写。

伍捌

一九四三年　四月十三日

四哥：

　　自接到你遵义一信后，已许多日，没接来信，一切很念！

　　吕先生处，我没有去信，不知他走得成否？

　　我对走的问题，老是抱着失望，不敢决意要行。这次粹芝准备得很妥了，忽的又不走了。这次我想去荡口，论理是容易了，而事实偏不这样，临时又出岔子，结果没有去。母亲的葬事，已重托仲蝦夫人，代我准备一切，待日子拣定了，当即举办。惟诸儿又不想带去了，免得多受虚惊。

　　六弟昨日来一信，知近况尚佳，慈明升入高级职业学校，堪慰远念！家里一切，一如平常，新居尚能惯适，惟附着大户居住，免不了有闲气，所谓账房先生者，架子十足，俗所谓阎王好见，小鬼难当。小孩在东花园拔一小黄杨，都给他说话，春来小孩们喜欢玩，我也随他们玩，放学后，遇天气晴和，常在城脚边，或文山操场玩，家里绝少停留。

　　此间物价，高得出人意外，做一双布鞋，要费去线三元，买一根针，就得四角，我手边常是很窘。粹芝代汇之款，因未接到成都划付之信，现在尚未付出。一俟你款付出，望即告粹芝，我处当可收款也。数日来目疾不愈，夜来不能张开，很受累！

贯　四月十三

伍玖

一九四三年　四月二十三日

四哥：

　　昨日同时接读三月五日十二日两信，详悉种切，很慰渴念！

　　我们的照片，照来不太好，或者更显得没有生气，不过环境也有些关系。在北平时，虽是初离开你，大小都不惯，但是人人存着希望，我们也会跑到你处，那活泼快乐的气象，谁都保留着。我更见着汤、贺两家的多病，私自欣幸，因之身心都很自在。现在呢，大大的不同了，三年来的遭遇，只有哭、急，父母的丧，使我抱憾终身，悔不能奉侍一年半年。操纵经济者的面目，实在可怕！自母亲丧到现在，不知使我急了多少次，最近的银根，紧得难说，闻借钱庄款，要息每月三分三厘，素来不会理财的我，急得不敢借债，到现在为止，总算没有出过利息。不过人是消瘦了不少，自己常感到苦相死相了。小孩们虽保持着天真，天天读书玩耍，然而，久久促居小小苏州城里，怎又及得上北平的大自然中，自然不得不减少活泼了，所幸健康渐见进步！晦儿个子很小，还算健康，这可慰远念！

　　对于到后方的打算，我几乎天天在念，但是，不能得到一个决定，和这里的人商，多数是阻我行的。我现在再把最近的家况，告诉你，你比较了那边的情形，为我决定行止。这里的物价，一天高似一天，家里存着的，大约可供一年之用，零用蔬菜，每月至少六百元。一年以后，油盐米柴，样样要买，算不出每月要多少，一年后我们不知能走得成否？

　　小孩们读书，不过读些书而已，并不用功，我常是不满意，不过也无可如何！前寄的文稿，是二儿的原作，没有经先生改。比较的拙肯用功些，自己有些阅读的时候，不明了处，肯问问人。最近，行只知玩，写白字，读白字，是他的能手，每月看一本杂志（《万象》月刊），他最高兴的，一星期读一次《史记》，五遍即罢。逊亦不肯用功，《小五义》之类，每日废寝忘食的看。易儿读书恐要差些，学校太松懈，回家又不常读。晦儿聪敏不亚于兄姐，体力或较弱，前天为之种痘，今日有极高之热度。

　　本学期飞月入四百二十元，吴姓请她每日放学后补课，供她午餐，我们每周请她教三儿，又每周三晚上各一小时补三儿课，供她早晚两餐和茶、草纸等日用所需，薪入除零用外，尚有余裕。鸿月入可八百元，亦有余裕，我借用她些，她自奉也很俭，喜事不日举办。昨日已接洽妥当（乡间来人），再过一周，我下乡去，待葬事终了后回苏，时间总得一周。惟经费尚落空，今日去信沪上商借，大致此次葬事，须两千余元，据风水言，只能葬母亲和大哥两枢，恩寿枢须十月葬，你前妻的枢，无处可葬，我想接洽公墓安葬，不知能成否？粹芝处拟去信借款，常州尚没有款来，金坛款已到，匆匆，即此止。

贯　四月二十三日

陆拾

一九四三年 五月五日

四哥：

前天自乡回，匆匆发一信，想先此而到。此次下乡，因信的耽搁，致时间局促，葬期定阴三月二十五（四月二十九），二十四晚才在大雨中由孟亮母送信来，随于二十五清早与恩寿嫂、孟亮母同下乡，赶到坟上，母亲大哥柩已入土（因信风水言，不能错过时辰）。你前妻柩，经我与风水先生再三商量，乃开土安葬，亲自督着工人做。三柩葬毕，时已傍晚。折回义庄晚饭，族中有两桌人吃，未受礼，祭宅有礼二十元及纸箱两只，事前托竹卿叔代办，起八夫人下乡来的。所费约计二千。坟上糟蹋得不成样，入冬须增土，我如在苏州，拟再下乡做去。

此次葬事，幸得竹叔出力，孟亮母亦帮忙不少。此行计三天，认识了许多人，庆叔之孙克俊做镇长，年轻英俊，巷上颇能说话，惟嗜赌，常亏空。式卿侄克瑶做义庄小学的教师，人颇忠厚。贯之叔架子颇大，我迟到了，他老人家说话了。联芳叔已七十一岁了，精神颇健，将住屋拆卖，来苏买屋，他二子在川，颇得意。兴祖鹭生，均已过世，下辈均好。清芬堂少溪姐侄，三房萼辉子，在苏已认识，到乡都来往。凤岗式卿等，他们怕见人，除吃了一顿，不见人面，我也无暇一一拜访了。很想到蔡四塘头去一趟，只以时间局促，未带苏州东西，空手不便去。两次到洪声里[1]拟见蔡舅，未遇。八弟现无固定职业，与人写

---

1. 洪声里：鸿声里。

公事度月，生活尚能维持。我欲彼来苏小住，再谋职业，彼不允，必欲有事可做，再来苏。惟苏州事情很难找，暑假后不知可以有事否？鸿议堂[1]房屋，更破旧了，拆去的不少，我们的一间，也拆去了。所有神主，均跌倒，现统拣归恩寿名下的一间厨房里。义庄屏门和桌椅，都抢劫一空，水龙被窃。洪声里殡房，有屋无墙，坟上的树，先后倒光。鸿议堂门前大树，亦被倒，满目萧条。谁为此者，钱氏子孙也，言之慨然！

　　详读你三信，很想到我们还是走的合算，两敲一[2]之苦，实太苦了。如张遵骝不能同行，迟至明春必行，当随时觅伴也。母亲葬事已毕，在此实无眷恋也。诸儿读书，在我处恐进步迟，跟你必有成绩，以诸儿爱听人讲，此间缺人讲。孟亮今夏初中毕业，此后须我们带领，此孩天分较逊，性情颇好。慈明已入高中，六弟颇宠爱，大致不肯出门。

　　现苏地物价又涨，米四百元（合法八百元），袜二十元一双，一件单衣缝工，需二十元。常州徐君送来款千元（新），星期日来文山，未得招待，通信时为我道歉。吕先生处，明日去信，汇款到后，当即告。

贯　五月五日

---

1. 鸿议堂：七房桥祖居。
2. 两敲一：当时大后方法币换沦陷区伪币（储备券），需二元法币换一元伪币，民间以两敲一称之。所谓两敲一之苦，即指此大后方法币寄到沦陷区换成储备银行伪币，二元变成一元，购买力降低很多之苦。

陆壹

一九四三年　五月十日

（缺首页）

星期日诸儿各写信，不满三十分钟，三兄弟都写成，急得易儿几乎哭出来，遂与之略加润色，费去了一小时余，才写成，一并寄上，阅后希评。诸儿所最希望的，就是你给他们的回信，逊儿把你单给他的一信和信封，好好的放在抽屉里，易儿见着还眼热呢！晦儿也会拿起墨笔，画几个圈，说是寄给爸爸的信，叫爸爸回来，横抱三年，竖抱三年，晦儿给我们无限的快乐！

已一星期了，张遵骝没有回信，暑前我们恐怕走不成了。日前遇潘老佑荪，力劝我不行，且言破布棉絮，都要保存，慎勿轻弃，老人家说来颇有见地，所以我留此，也不很为难。不过常念到你的左右顾念，想我们来了，就可免你的远念。我们如不能即来，祥瑛母子，你可接他们同住，亦可少去一部挂念，且可增添家庭之乐！我们在家，除念着你之外，别无所苦，钱你已寄出这数目，今年且不必寄，幸勿负债寄来。因我们处，总有办法也，二折一之苦[1]，无日无时，不在我脑际盘旋着。

诸儿都好，长成多多，拙儿衣裤均太小了，现正赶做。我疟患最可厌，已几次过去，今日又在发冷，明日又将服药，金鸡纳霜，最便宜者五元一粒，生病真生不起。我幸陈医生很有交情，医费从未取过，

1. 二折一：大后方法币寄到沦陷区，换成储备银行伪币，购买力降低很多。（两敲一与此同，已见前注）

药亦不肯要钱，再三推让，允收半费。今年患几次，我都挨过，不曾吃药，这次恐不能勉强了。

一贯　五月十日

耦园曲桥

陆贰 ★

一九四三年　五月十日　（易给爸爸的信。附作文。）

父亲大人：

　　我很牵挂你，你一向好吗？昨天接读你的信，我很快乐，我唐诗已读很多了，大阿姨前几天教我读唐诗和千家诗，我诗不会做，会做文，抄一篇给你看好不好！祝

　　您安好！

您的女儿　易叩上

远足

　　四月十七日我们到惠荫花园去远足[1]，看画报，我们到假山上玩，蒯先生说你们要当心一些呀，假山很危险的，后来玩了一会就排队回家。

---

1. 惠荫花园：就在育英女中和附小的附近。时易妹在育英附小上学。

陆叁

一九四三年 五月十三日

四哥：

　　昨日张遵骝托一位王曼明小姐来访我，适我不在家，未遇。今日我去看王小姐（住临顿路），得到的结果，使我很失望，为的是时间很匆促，王小姐十五即离苏，偕张等于二十日起程，在这短短一周里，我实在来不及走，只好眼看这机会错过。想托他们带一些东西给你，一以时间不及，一以人家不欢迎，所以就作罢了。我所要说的话，信上所未写的，已托转言了，现在我想，我们走与不走，最好由你决定，以今秋或明春，如有人来，时间上我们值得走者，我们就走，要是你看时间上不必走的，我们就安心等着，不必跋涉了，索性等着你回来了。我这次又患疟了，又须打针服药，恨极！近日物价稍落，只恨着手边无钱，要买的不能买，你所付两款，尚未到。乡间人碰不得，这次洪声里殡房抬大哥柩到坟上，中途踏了田里的麦，赔去三十元，昨日竹卿叔来苏拿，我招待他茶饭点，在五十元以上，尚未见得周到。最近蚕豆上市，三元一斤，一餐蚕豆，需费二十元（五斤豆，五元油），前日买十块酱汁肉，二十元，五斤豆十五元。文山操场上，剪些金花菜，费些油炒炒，所费已很大，晚上诸儿觉得还不够。今晨易儿还要我买酱汁肉，我没有答应她。我患疟不能吃，今日只吃四个汤团，价二元，这算是生病的损失。

一贯　五月十三日

陆肆

一九四三年　五月二十五日

四哥：

　　这周又没接来信，念念！疟愈，继之以恶伤风，头痛咳嗽，致精神很不振。近日银根紧，日用告窘，划款汇款尚未到，忽的少溪夫人来家，欲暂移若干，约期一月还，不得已向飞移二百元以应之。生活日紧一日，势必跋涉离乡，最近米价达五百元一担（即一千），尚无窀叫，来日大难，不堪设想！

　　诸孩长得很快，食量也增，知识想亦见进步，堪以告慰！

　　陆伯云生活颇苦，枉为商人，其弟在建瓯者，亦窘极！仁厚者几不得温饱，可叹！

　　达人先生[1]对校事颇消极，暑后有辞职说，飞妹愿同进退。

　　独处斗室，闷损甚，即此至，祝你

　　安好

　　　　　　　　　　　　　　　　　一贯　　五月二十五日

---

1. 一飞姨在崇范中学任教，校长胡达人先生。

陆伍

一九四三年 具体月日未详

四哥：

这又好几周不接来信，十分悬系！你迁居后的一切，都能如意吗？祥瑛元凯想都好，亦在念中。最近见报载，舒秀丈夫到南京开会，而未见来苏州。昨接屺珍来信，谓彼母女住汉，有些厌烦，并有意回乡，又愁了一大套，我已去信劝他们安心住下。家中的人们，个个都好着，逊儿曾患疟一周，适逢学校考算术，考了十分，给两哥哥常常打趣。行儿昨日考孟子得一百分，拙儿应付功课，均能到上等，晚课间日上一次，读英文，易儿读诗。房东刘某，颇重视我们，前夕请我们全家便饭，谈话间称我们为宅中之模范，且以他家子侄，托我们姐妹……（下缺）

陆陆

一九四三年　六月五日

四哥：

　　五周未接来信，颇念！猜想你回蓉去，乃每信均寄赖园，不识能按周接到否？前日忽由文山送来你二月二十四所发信，此信搁三月有余始到，详悉种切，惟许多已成过去。给拙、行的信，无时间性，随时可读，明日当嘱做等作复。这里的一切，除物价高涨外，别无可谈，每人遇见亲友，不是愁米，即是嫌菜贵，都是面尤生色的挨日子，我们在目下，虽是有吃有穿，但是见不到底，终不敢放松一步，只能苦苦地生活着。所幸小孩们个个健康，且长得很快，夏衣都穿不上了，拙行都得替他们做新衣，可是急煞了我。一件衬衫一条短裤，要工二十元，箱子里虽存着些布，拿出来一做，差不多完了。现在最次的厂布，要十多元一尺，暑期里拟为诸儿添置四季衣服，卖去旧衣服。准备西行，如走得成，小孩们的幸运，长久的跟着我，我只为他们学业着急。

　　明日六月六日教师节，当局有尊师运动，演剧哪，歌咏哪，到时一番热闹，空前未有，然而极少实际，枵腹的还是枵腹。崇范沈师，对拙、行实有大恩（现拙仍由他教），拟命二儿送些白米（米价每升五元，现市上无处买白米）去，表示敬意。明日诸儿发信，寄崇义桥。汇款已到，还去沪上欠款，剩五千到苏，今日当设法买东西。

　　　　　　　　　　　　　　　　　　一贯　六月五日

陆柒 ★

一九四三年 六月六日（行给爸爸的信）

父亲大人膝下敬禀者：

前日接大人二月间之手谕，敬悉

大人福体安康，本学期沈先生因辛劳过度，故将我一年级之任务辞去。近日儿课外除大阿姨所教的《史记》外，亦稍看《孟子》等书。三弟近日大阿姨教书亦同受业，又有邻儿张厥昌者，星期日亦来随班听受。小妹近月两日授一诗，亦能背颂。家中花木之事，已有一信禀告，惟六月雪已有复萌之希望，儿等心中亦甚慰。望大人勿念。家中之人亦皆安好，惟老妈妈现已回乡，尚未回来，家中之饭皆在文山中烹煮。前日大哥作一钓竿，有暇则往河边垂钓，亦为不乐中之乐也。敬请

大人福体安康

儿 行叩上 六月六日

陆捌

一九四三年 六月某日

四哥：

五月二十三信，收到了，遵义来信，慢而少，一信总得一月多，共计接到了六次信。我接不着你信，脑筋就会不清楚，什么事都做不好。写信也这样，因此写信就只报平安而已。再有一层，我觉得这儿的一切，真的不能使人得到快感，说也无益，索性尚默。

六八二弟，我知你念他们，所以常从别人处得到些他的消息，所知道的，不见得好，因此，就懒得告诉你了。六弟仍在道南，还兼一处职务，慈明在工专，生活可维持。八弟在荡口做做秘书，仍有嗜好。母亲葬时，他没有到坟上，我没有见，我想劝他到苏戒烟谋事，他说有事才肯到苏，因此作罢。平时生活费颇大，近日无信息。大姐平安，胜男甥女遇人不淑，有离婚说，此都是两月前的消息。

关于诸儿的一切，体格上均有进步，大大的个子（下缺）

陆玖

一九四三年　六月二十二日

四哥：

昨日接读五月四日、九日两信，详悉一一。

拙行读书，准照你意于暑假中试行起来，惟所困难者，良师难觅，尤其是科学方面的。崇范有一位钱太初先生，教拙儿的，系金松老之学生，拟托松老转恳教拙行，如得允可，暑假中二儿可去受课。彼家住大儒巷仁孝里，离我家不太远。刘先生[1]系一精明商人，而其道德性格，使人钦敬。彼系苦出身，身为学徒，妻在家以手工酬劳事奉其母，及稍裕，事母恪尽孝道。母死后，由小康而至巨富，乃妻亦贤淑，事姑事夫，无微不至。刘先生感其贤淑，待妻系亲属多加照顾，照顾方法，提拔人才，小辈不论男女，均由乡间领出，分送学校，家中请先生补课，飞和我做了他们的家庭教师。他本人绝无嗜好，治家颇严，饮食起居，均有定律，上下平等，在家已久不闻老爷太太之称。与他有关系者，他总放人，常以钱赠人。我于此常觉他施舍似的，受之不免难堪，因之，他们加惠于我，我总设法回敬他。现在我们所沾他光处，房金一项，我们所住房，照市价一二千一月不为多，现出二百元一月，这并不是我们独享，是和他们的两位经理先生同例。

这次刘到你处，我并未托他，是他自动的。因我未知他走，待我知后曾发一信至渝，想尚未接得也。划款的折扣，尚未与他们家人谈

---

1. 刘先生：刘国钧，房东。

及，因他们尚未接到刘信也。西行的计划，天天在打算，走南路究竟可靠否？无妥伴不敢冒险，最好你处有人来，我无论艰苦到如何，必定要走。我天天的念着你的健康，没一刻不想到你的饮食起居，我们在此太舒服了，诸儿均好着，幸勿念！

　　前星期伯云夫妇子三人因事来苏，宿我们家，天天八圈麻雀，是少不得的，多么的无聊啊！

贯　六月二十二日

母亲

柒拾

一九四三年 七月二日

（缺首页）

……索性等待。这里的生活煎迫的可以，米价每升四元八角，面粉每斤五元三角，每人限购二斤面二斤米，米糙来不可入口，闻欲买稍多量的米，非费去很多唇舌又极高价不可。菜蔬更贵不可言，小青菜也得两三元一斤，油荒盐荒，都在这时候。

郭家于二十七日回来，郭太太枯老的程度，较我为甚！几乎满头白发，诸小姐均长大，惟三妹在五日前患脑膜炎，伤一目。我们的寄儿子，亦上四年级读书，绍虞精神体力不见衰，今日已到海上就开明编辑职。

前汇各款，均已收到，最近的大致须隔些时才可到，现在家中每日用款（除柴米油言）总在三十元以上。水一天一元或半元，猫鱼半元，晦儿点一元，谷（鸡吃）五元，二十多元素菜，假使吃肉，就得多化二十元。每月剃头一次，五孩就得十五元。房金百元一月，老妈工三十元，文山校工贴二十元，电费十五元，上鞋费十八元，连着琐屑费用，一月零用菜蔬就在一千五百元左右。柴米油盐，约计也需千五。我们一家人，化三千一月（合着你处六千）。人都说我节省，我只觉得昏昏沉沉，一天天的挨过，一切的一切，都觉得麻木了。应酬都谢绝了。郭家来了，不得不理，送去猪蹄一只，菜油一斤，合价百元。

　　所可告慰的，诸孩均健硕，除却逊儿外，均长得顶快，逊儿食量差，比较的瘦小。我们在这儿，仿佛在孤岛上，极少得到人的助力，我也以不求人为目标。经济的盘算，我早有成竹，即使有一年半年断绝来源，是不妨的，你不必为我着急，亦（下缺）

贯

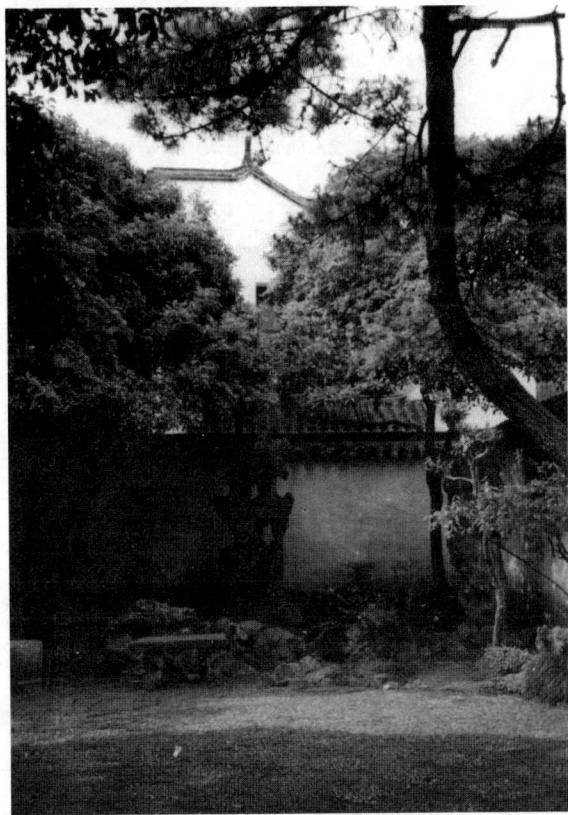

耦园桂花厅庭院

柒壹

一九四三年 七月十日

（缺首页）

　　……好办，过夏物价再高，只有不用人了，想法叫人挑水。你是否准留蓉？祥瑛做事吗？元凯[1]暑后想能入幼稚园了，你们三人开支，月需多少？祥瑛欲知舒秀通讯处，写在后边："汉口中央电讯社武汉分社殷再纬"。殷某即是侄婿。舒秀也不常和我通讯，她近况很好，幸勿念！匆匆即颂

　　快乐

一贯 七月十日

---

1. 元凯：祥瑛之子。

柒贰

一九四三年 七月二十三日

......

这几天老不见你信，念极！我这几天伤风，闷极！头痛得几乎不能开眼，咳得喉咙失音，三天来不能做事，今日上午整整睡了半天，下午写信。

1. 北京金家，因为郭太太离京，允许他们房金加至每月十四元（合你处一百四十元），我嫌太大，去信请酌减。

2. 贾克文，现任淮北警察分局长，特差勤务送一千五百元来，姑受之，去信嘱勿再寄款来。

3. 沈粹芝，为划款万元，今日始来信，而上海市面至少可六折取款，大的有七五或八折者。而姚姓仍以对折计，现我决定先取对折计算款五千元，让他们去信川中，肯否加成，如不肯即以万元退回你，你即来信告我！我再退回他们五千元。

4. 致陆伯云，询问你处汇款到否？还债似的四信写成了。

以后你划款时，须先向人接洽，以免多吃亏。金坛黄家尚无信来，叫人划款，真可恨！我们在这儿，真是啼笑皆非，恨我不会做大官或商人，赚此地的钱化。今日猪肉四十元一斤，买了半斤肉，连素菜粥菜等百元只剩十元多。七月份二十三天，化去了一千五百元，只百余元不是吃的，所幸诸儿均健，堪以告慰！

一贯 七月二十三日

柒叁

一九四三年　八月三日

四哥：

前日接你端阳前两日信，今日接六月十九信，详悉种切，颇慰渴念！闻顾太太死于恶疟，惋惜不已！

关于我们西行事，准再待两年，我体况不如以前，且易患疟，实不欲如此牺牲也。最近两个月来，身体日健，每餐进两碗矣。惟前日流鼻血一天，近日觉头脑空虚，精神仍如常。

诸儿体况颇健，拙儿读书很有头脑，笔记摘录，均有小册，书写端整，作文颇有思路，下笔亦快，暑期所读论、英，均能背诵，学几何亦能领会，爱玩邮票，一切举动，很像我初见伟长时。《史记》《说文》，教者须下预备功夫，所以常是间断不教。一两年后，诸儿教读，颇成问题。行儿稚气未消，读作写背，均能实行，不肯求整齐清洁，书桌上满桌凌乱，不许人收拾，好胜心特长，与人奕，败则哭，打台球，连输两次，哭卧桌上。最听大阿姨话，与小阿姨要打架，暑中较瘦，体格长得快，较拙儿短一寸，胸围一般大。逊儿敏慧，算读作能日日随班上，较同班者胜，惟太小，无自动力，非天天支配他不行，此儿长得慢，较行儿短四寸多。易儿不如以前胖，暑假除写字外，与晦儿玩玩，晦儿很聪敏，能唱唐诗数首，见人有爸爸，常向我要爸爸。

这里人人所注意者，就是物价高涨，猪肉四十多元一斤，猪肝无处买，蔬菜五元一斤，米面布匹，均上涨得惊人，米一千元一担，无处可买，十二元买一升米，跑几处铺子才买得到。柴每担四十元，须极早在河埠头候着买。为平夫妇天天买一升米煮粥吃一天，乃父仍是元大昌天天到，老夫妇很舒服。所划各款，均未到，到后当即告，我们目下未受到这般苦，恐几个月后，将被迫至此。陆伯云前有信托你汇千元至福建建瓯陆仲一，未知已否汇出？今再需汇千元去，你汇出时，可打听折合此间几成，来信告我，我向他取款。

一贯　八月三日

钱拙

柒肆

一九四三年　八月九日

四哥：

　　日昨接读六月十一日信，知悉一切。诸儿见父亲信，都细细的读，将信都各自藏诸书桌抽屉，明日将有回信寄出。假期里，三儿早出晚归，易晦在家，生活颇有条理，我虽忙至无片刻暇，身体颇健，幸勿为念！

　　最近物价的高涨，使人有意想不到之慨！一根洋火，价值七分，两磅开水，须费两角，我们每天所费，单洋火、茶水，就得两元以上。米十元一斤，柴五十元一担，煤百元一担，有价而货少，最近政府实行登记，不许囤积，以谋价格减低。王以中先生现在沪做事，前托沈仲英带回之箱，久存王先生处，今先带苏短袜六双，长袜三双，长夹衫一件，以后陆续带回，所存多少物件，你可记得否？各款均未来，青城姚家，经纪商人，钱老不肯拿出来，可笑，又可恨！我手边窘极！昨去信伯云处借钱，尚未得回音，这暑假里七月份化去了四千多，二千四百，是存着东西，其余都吃到肚子里了，说来有些可怕！终日为着用钱动脑筋，苦极！这并不是我家特殊，同样的也很多着呢！宅里就有两家，那家儿子出门的，祖母带着一个媳妇，两个孙儿住着，和我很说得来。北平金家有复信来，房租肯酌减，现付每月十元，合着你处，就是一百十六元。

贯　八月九日

柒伍 ★

一九四三年　八月十三日　（拙给爸爸的信）

（缺首页）

　　大人之宽宏仁爱矣，暑假中儿等本每日作文一篇，近日因二弟患肚泻初愈乃止，家中现存尚积儿之作文十余篇，附信寄上大人阅看。上次手谕中大人谕儿等翻阅家中所存旧杂志，儿等即取各杂志选而阅之，儿独喜《小说世界》，虽百看不厌，近日亦常阅之。后日校中第二次招考，大阿姨到校办公，此三日中不到校。前日暴风雨过境，东花园沿城围墙皆坍塌，假山上树木多连根拔起，损失颇大，儿前次所压之夹竹桃已移植盆中，又与同居王家得一白色小夹竹桃，一红一白日后开花定可观矣！专此敬请

　　大人福安

　　　　　　　　　　　　儿　拙叩上　八月十三日

柒陆 ★

一九四三年 八月十三日 （行给爸爸的信）

父亲大人：

　　前几天得到了手谕，心中很爽快，家中的人都好，三弟也已经考取了崇范，希望大人不要挂念。我从大阿姨校中回家后，看些国文和文选，以及家中的一切小说。天闷热时亦到东花园去游戏散步，这几天这儿大风，东花园中的围墙都坍倒了，将五六株新栽的樱花压得一株也不剩，山水间的玻璃碎了一大半，假山上的老柏也被折断，却正压在玉兰花上，落叶松和黄杨树各被拔起一棵，枫树和梧桐的枝叶满地都是，房主住的屋子也坍掉了一角。据房东太太说，这次损失有十万元左右，城墙上的电杆和城中的房屋也和园中的围墙同样的命运，并且有一所房屋压死了五个人，真可怜呀！这都是风的罪孽呀。愿你
　　安好

　　　　　　　　　　　　　　　　儿 行叩上 八月十三日

柒柒

一九四三年　八月十九日

四哥：

　　又是近十天接不到信了，很念！学校将开学，我们所需的学费，约在千五左右。最近日常所需如菜蔬之类，贵至不可想象，昨日毛豆八元一斤，豆腐一元一块，西红柿八元一斤，洋火八元一小盒。居家买在太难了，找大大盘算着，如何可省些，如何可使小孩吃得快乐些，结果终是不能。这半个月内，除了祭祖，买了些肉，其余都吃素菜，所费六百多。每天烧柴二十元（四十斤），吃米六升（六十元）用油四两（十二元）盐酱油，约四元，房金妈工电费三十六元一天，素菜三十元一天，茶水上鞋剃头洋火肥皂等，假定每天十八元，我们一家每日就得一百八十元。现在稍有积蓄，还不觉困难，明年这时，物价如再倍涨，那就很患难的了。我只恨太不能干，不会多赚这儿钱，在这儿住，除了赚这儿钱，没有好法子，汇款一处都没有来，这几天正忙着借债，闲气受够了，说不定要跑上海去一趟，……鸿妹不能给她好好的择配，我太对不起我父母了，内心的痛苦，谁能知之！

贯　八、一九

柒捌

一九四三年 九月五日

四哥：

又是好多天不接来信，十分悬系，家中一切如常，诸儿均开学，九一起每周上三次夜课，读书尚能入轨，仍由大阿姨督教。现同居（房东）刘姓有内侄姨甥三人，亦从飞教读，我们相处颇得。日昨刘先生与我谈，款能付至乃子厂中，这里一切，就可高枕。刘先生子名"尧夫"，媳名"静愉"，"陈志清"系刘之学生，得到他们收款据寄给我后，我可与他们清算。另附一信，系刘先生所书，俾付款时有所凭证。近日各布店均廉价出售，我以手边紧，只能观望，芝处王君及云处，均遥遥无信，使人纳闷。

我的生活，除苦干外，别无可想。老妈子走了，不预备再雇，以雇一人，非四百一月不行，省了这一笔，贴贴小菜钱了。幸身子颇好，一切无忧，惟目力太差，夜间不能看字，昨日读《孟子》有疑难处，查《辞源》，简直辨不出字迹来，这使我很不高兴的。

逊儿聪敏，似胜两兄，惜年幼爱玩。易最近似瘦，大概营养不好所致，此儿非肉不饭，食量渐减，而肉又不能天天吃，这是她的损失。其他诸孩，青菜豆腐都可进食，晦感冒三天，消瘦多多，秋凉后当摄一影寄上。

贯　九月五日

柒玖

一九四三年　十月二十九日

四哥：

　　这周内，连接八月十九、八月十四、九月一日、九月二日四信，详悉一切，祥瑛不与你同处，颇以为念！恨我不能即来为你照顾一切。元凯入幼稚园，缴如此多的费，是否住宿？在这儿尚未听到过幼稚生要这样多的钱，这里的幼稚生每学期缴费一百九十五元，我以惜费，尚未送晦儿入学，每天由我带领入学，晚上带归。你老说我写信不详尽，大概心绪不能宁静，再加上无空闲的时间所致。从去年十月间，物价骤涨，对经济上的计划，颇费心力，至今年三月，谋得一私立小学之职，半年来零用各费，可量入为出，以你寄来之款，趸购日用品，虽忙至无片刻闲，心境还可稍安。

　　到八月起，物价更高，所入不能增，所出增至三倍以上，八九十三月，单零用蔬菜两项，已用去九千余，最近又以行逊易患疟（飞先患疟，继之行逊易，延长至两星期，我三夜不得睡，明日都可上学），拙晦我预防吃药，恐亦将数百元药费。明日须叫米，至少四担，每担七百八十元，过明日恐不能有整担米可叫了。如手边宽裕，可多叫，现在手边无钱，勉力叫四担，可维持两月粮。我每天早上到校，十一点回文山，做饭，饭后再到校，课毕回家，预备晚饭，晚饭后与易温课，天天如此。拙行逊间日由大阿姨教英文，星期教《古文观止》，《史记》无形中停授。王以中子相官，现在有原中学读书，星期亦来听课。诸儿所看旧杂志，以《小说世界》《东方杂志》为多，最近看的《阅微草堂笔记》，舒秀通信处前信又写过了，现在不在手边，大姐的通讯处，我也忘了，信都由舒秀转，现况尚佳。六八二弟，均有馆，可维持，前几信均详述。

　　所收各款，一、青城姚一万折合六千五，伯云转三万，李世芳吕先生处均由伯云汇（墨水完了，只得换墨笔续之）出，详数我记不清，因此款到时，适我病，再加房屋纠纷，心乱如麻，现翻阅账册，都弄不清，非得再问伯云可知其详。在四月间金坛王君有六千元折合成三千收，最近一万取到六千五百，伯云有详信复你，吕先生处没有付，因我急得还债，此后有钱可付重庆大明布厂刘尧夫嘱转我，前亦有两次详告。这里的生活程度，必定会超过你们那边，下学期我或可换个地方多进些，你不必过分为着我们，自己的营养，须格外注意，再熬两年，得功成圆满，我们只耐心的期待着。存书已加租，现由我直接与金通信，日前叹虞来，我拟托之照顾，彼当面拒绝。家中佣人，本拟勉力雇佣，无奈吃用都赶不上人，佣人无论如何不肯留，每月给工资百元尚嫌少。这儿用人的人家，大都是新贵新富户，我们中人之家，都须自己操作，小学教员自己淘米洗菜是寻常事。郭家预备常住苏，闻顾先生有一老女友，是顾太太在时已有的，不知确否？飞鸿婚事，虽有提而终不能成，鸿常住旭人处。伯云弟之汇费，我拟不向他算了，因此处进出，他从没收过一次费，待他再问起时，你可告之不必算了。这里我已取过伯云三千元，你有钱时，再汇两千去，我再和他结算，让他如何算法比较的客气些。我这儿只有沈粹芝、陆伯云可以帮我一些忙。

一贯　十月二十九

捌拾 ★

一九四三年 十一月二日 （拙给爸爸的信）

　　父亲大人膝下敬禀者，八月十四、九月二日两手谕均于昨日接读，星期日本读《史记》，现因有王以中伯伯家之弟弟同来，故改读《古文观止》，《史记》篇长沉闷，故仍不见趣。稍短之记事如《项羽本纪》中之"鸿门宴""垓下之围"等自己亦能看懂，《孟子》校中读经课上仍教授，《论语》暑假开学后停读巳一月余矣。作义校中两星期一篇，笔记簿上有时也做，三周两篇至多矣，其他如《小说世界》《三国志》等亦常看，均请

　　大人勿念。前星期二弟、三弟、小妹、大阿姨诸人轮流患疟疾，惟儿侥幸得免，现已痊愈，亦请勿念，敬请

　　大人福体安康

儿　拙叩上　十一月二日

捌壹 ★

一九四三年 十一月二日 （行给爸爸的信）

父亲大人膝下敬禀者：

　　得奉九月二日手谕，慰甚。近日王伯伯家的王应梧亦至大阿姨处补习，星期日教《古文观止》，课外暇时，儿阅《三国志》及《阅微草堂笔记》。校中正值考试，国文及代数俱已考毕。儿以病，国文未考，代数分数尚未布露，不知成绩如何。三弟之病，亦已愈，家中之人皆无病痛，望 大人勿念。日来校中增早操一课，或有同学有退避意，儿思亦足练体，故无退避意。家中庭中之花木，大不兴盛，白心黄杨上出小虫，一株已被蚀死，余两株亦奄然无生气。麦冬、文竹为鸡所食殆尽，水仙花所抽新芽，瘦似葱杆，惟仙人掌则勃然有生气。东花园所掘之瑞仁花，虽含苞蕾然孑然一杆，思亦不能盛开。

　　敬请

　　大人福体安康

儿 行叩上 十一月二日

捌贰 ★

一九四三年　十一月二日　（逊给爸爸的信）

父亲大人膝下敬禀者：

　　久日未得手谕，想念之至。昨正因病在床，忽接手谕，甚慰。男在校中现已举行考试，前信

　　大人欲知男在家中所阅何书，男近日本可阅《三国志》，但《三国志》出借未还，不可即日阅看，至于《水浒传》《西游记》《岳传》等，皆欠缺不全矣。家中花木本年仙人掌因被鸡之摧残稍有损伤，白心黄杨亦已死去　株。前日大阿姨、二司、小妹及男，皆患疟疾之病，余者皆安好，望

　　释远念。肃此敬请

　　福安

男　逊叩上　十一月二日

因碌碌无暇，故不另作函。贯。

捌叁

一九四三年　十二月二十二日

四哥：

　　这儿又两周不接到你来信，天气渐冷，不知你健康如何？时时在念！这一周里，拙行校中举行中考，停课举行，似颇严紧，不知结果能及格否？上星期里，送伯云夫人回沪，便道就医治喘，据云尚可治愈，处方服药，简单经济。于每夜睡前开水送服（药名霞天曲），如剧发另有方止之，每遇寒冷或大风时，辄咳喘交作，适初服药，不知其有效否？南京丁山处款已取得，而尚未汇苏，因汇水大须待便人带，先有人自沪托伯云汇来十万另五千元（一百美金换），已收到应用。伟长托友人带来美金两百，分乃母与我各一百，一百已转荡去[1]，一百暂留着未换。刘家款尚未结清，此次赴沪，谈及此事，知中间人作弄，姑待刘先生回国，或渝朱希甫（大明经理）来，再与清算，孩子们都好着，幸勿念！

贯　十二月二十二月

　　又：昨接贾克文信，知平书无恙[2]，惟房价贵极，每间须法币千元一月。我们房金[3]，房东不肯多收，我又去信嘱再付，你金家去信没有？暇时去一信，比较郑重些。

---

1. 荡：无锡荡口。伟长母住处。
2. 平书：北平回苏州时，有十大箱藏书留在租房内。
3. 我们房金：指租住苏州的房金。

父親大人膝下敬稟者久未修函罪甚遙想

大人福體康強遠為慰本月初九為

大人五十壽辰等因遠隔千里未克前來特敬叩數行以祝

大人之壽兒等各承自知用功讀書努力自愛太員

大人養育之恩公日　母親亦醫麵為饌更植樹以為記念藏

中各人均各照常望

大人勿念耑此敬請

福安

　　　　兒　孫　卅七月二十八日（紀元之）

捌肆 ★

一九四四年 一月十七日（拙给爸爸的信）

爸爸：

　　昨天由夏蕴文先生处转来金松岑先生的一封信，还有两首诗，嘱随信寄您，星期一我曾发一信附有抄录的诸子系年总目，还没收到吧。这里又两星期没信了，最近一封是一月二日的，真令人费解。北平贾克文先生处的钱，母亲说过两天有人北上才托带去吧，因为银行汇水太大，每千元要一百二十，而且手续又麻烦，而贾克文又长久没信来了，不知可曾搬家，或者待有了确实信息再说吧。最近舒秀姐回乡去，母亲曾叫她寄语八叔来苏，而迄今没有信息。校中下星期大考，大约阴历年底放假，不多写了，祝您

　　康健

　　　　　　　　　　　　　　　儿 拙叩上 一月十七日

捌伍

一九四四年　五月十五日

（缺首页）

经商颇利，收入甚丰，最近得一外孙儿，舒秀丈夫为新贵[1]，自然是很阔绰的坐的是头等车，吃的是西点西菜。舒秀服装行动，均不入浮华，颇朴素老成，今日下乡去，约明日来我处住一夜即回沪转杭，现有两小孩，一留荡，一带忧。鸿人约在五月三十日举行婚礼，我为着鸿婚，做一件长袍，化二百元工，是破大儿第一遭。三儿做三件长夹衫，工亦二百一件，这次预备做几件衣，工钱真可观，好在料子都有着，匆匆即颂

安好！

一贯　五月十五日

1.新贵：指在汪伪政府下做官（在浙江）。

捌陆

一九四四年 五月二十九日

四哥：

　　这次恐怕有两周未写信，并不是无暇写，只为着想念得过度了，想写信，提着笔，结果还是呆坐了多时，左不是，右不是的，纸上仍是空空的，一字没有。为着你身体的健康，为着你缺少家人的温存，为着你饮食的调养，我们的迁内，是必然之理，偏偏的洛阳战事，阻住了交通，这多么纳闷的事啊！浙赣路虽然也可以走，可是太吃苦了，小孩们恐不胜其苦，非得经考虑后才可决定行止，使得我心绪紊乱，这或许是人间最苦恼的境遇罢！

　　这里物价，并不高得快，只是米价跳到新纪录三千三百一石，尚是缺货，宁不骇人！

　　拙儿开始学期考，下周毕业考，再下周参加会考。初中结束，就得设法入高中，如秋后可行，那是最好，如走不成，我意令其投考上海南洋模范，该校我颇羡慕，功课仿佛从前苏高中般。假使不进该校，就入娄门拙政园东有原中学，该校系天主教士所办，震旦大学之附中，功课亦平常，只是训育上很注意，与其使小孩随波逐流，不如使他学些居敬工夫，我意如此，你谓然否？行儿毕竟不凡，头脑颇清，读书不费力，惜无良师教授。逊儿虽敏慧，以校中教师马虎，彼亦爱玩，半年成绩不好，非我课后督促不行。易病后未正式入学，天天跟我，暇时偶授短文，兴趣颇佳。

飞为赚钱忙，下学期校中功课，只教不改卷子，所有暇时，慈姑娘、三姐、霞官身上，化得最多。廿七系一鸿婚期，系在上海参加集团结婚，昨日已回来，七朝回门，千旭[1]预备款亲友。此次鸿的结婚，并未铺张，做几件衣服，买一双皮鞋，做了四条被头，所费已在几万之上。我们送给她四个棉胎，是我前年化百元换来的，合今价，值四千。在上海，我去信伯云照顾鸿婚，费了他千余元的吃，很过意不去。伯云境况甚窘。昨日王以中先生来，说起湖南蓝田镇师范学院姚友琴处并未接到钱，你告诉我此钱已在二月汇出，是在去渝前寄出，不知何故？你一查告我。云南广德张圻先生，乃妻子与我们同住，颇相得，以张先生久无零用钱寄乃妻，最近来信嘱乃妻觅妥人转款，因想到你处，如彼有款来，你收后告我，我当付给她。相离了四载，一切的一切，只感到空虚，孤单，何日何时相团聚！愿上帝给我们开路，放出曙光，劈开光明大道，任我们行走，那是快乐幸福的时候，愿你旅外永远康健！

一贯　五月二十九日

---

1. 千旭：千里与旭人，两位舅父。

捌柒

一九四四年　六月九日

四哥：

　　这几天为着鸿结婚，作种种无谓之忙，内心的不赞成，非笔墨可形容，且留着做话资吧！诸儿都健硕，正忙着功课结束。物价跳得高无可比，米曾到过六千多，沪上是一万二千，其他可想见了。最近积极地打算走，现在有两条路，一从宜兴出发，二从杭州走，一星期后当有确音。如成，一月后走，不成，只能待至秋季。已久久不关门做杂差了，然而多跑仍不能得到结果，难极！据说自来水笔从渝销到京沪来的，恐怕又不能带，我对这一层，经验太缺了，反正总是吃亏的，这也无可如何事。今日包宅（鸿夫家）宴客，我觉得头痛，就跑到校里来写信，可是他们又来叫，不得不敷衍一下，拟于送三儿午饭后回去一趟。

一贯　六月九日

捌捌 ★

一九四四年 七月初 （逊给爸爸的信）

父亲大人膝下敬禀者：

前星期得手谕，本应即日奉信禀问福安，而男校中正举行大考，故至今未可遂意，以致

大人遥想，望大人谅之为幸。男今晨正欲起身时，闻兄论及白马非马之论，大哥以沈先生所言而解之，而其详解男亦未知，二哥之说言不，哥言白马非马而须说马非白马，故使男史为不懂，问及母亲，母亲亦不详其所以然，故特望大人下次手谕内代为详解。男校中现已考毕，待分数单发出后再容禀告大人。余言再禀，肃此敬请

福安

儿　逊叩上（日期缺）

捌玖

一九四四年 七月十七日

四哥：

　　忽忽已两周未发信，为的是暑假在家，无定时可写，正合着你所说的关门做杂差也。假期中诸儿均健硕，请杨咏裳先生授《左传》与《诗》，兴趣尚佳。拙儿喜数理，上午至苏中习数英理，下午读文，抽一小时暇，教行与同居诸孩几何，颇有规律。体格颇结实，前日过磅，重九十二磅，彼虑独学无友，坚欲投考高中。我又不忍拂其意，遂许之，乃于十五日投考，今日知录取焉，如行不成者，姑使之入学。行、逊仍入崇范。据说现在是路路不通，未知确否。我以暑天不欲行，亦未注意，姑俟秋再定。飞入银行已两周，生活颇舒适，前周患疟，勉力从事，致力乏，回家吁叹，谓将就木，不得已强之告假三天，强之服药，现已全复而到行办公。鸿丈夫无事，两人景况不甚佳也。鹏兄[1]于前日（十五）下午逝世，族人均哀悼。此间米价在七千以上，生活殊不易。刘氏取过三月款，均十足付，待米出新（阴八月），拟多支几万。你付彼后通知我，即可领取。我的一切，颇堪告慰，以体躯虽无休闲，而精神上常快乐也。晦儿活泼伶俐，能力强于乃姐，可爱无比。今夏颇热，乘凉者均上便静依楼[2]。一日有兴，偕晦儿同上，忽闻水边人声嘈杂，俯视，始知一孩以唼河浴遭没顶，因是房东即雇匠工筑墙

---

1. 鹏兄：张家同族舅舅。
2. 便静依楼：所住耦园东花园中之一楼，窗外可见城墙和内城河。

以堵[1]，从此不能至水边闲眺。我家居西花园后，天热开门通之，得以透风，兼可散步，不感太苦也，此乃与房东有感情之通融方法也。

贯 七月十七日

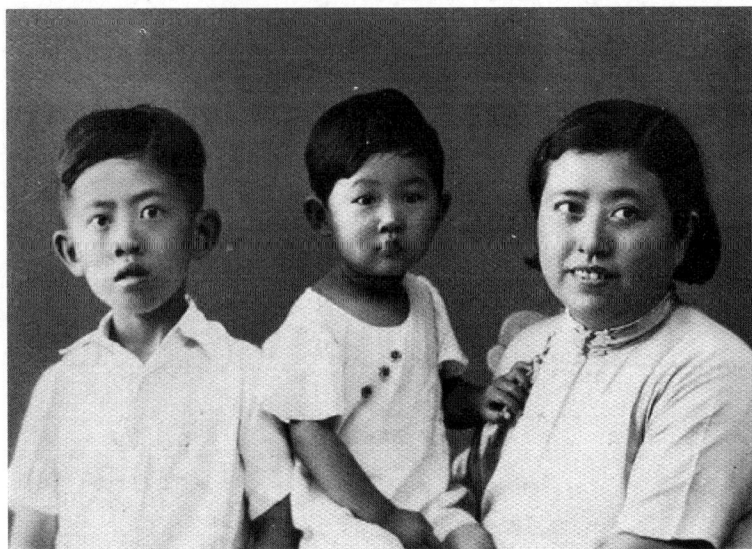

母亲与行易兄妹

---

1. 筑墙以堵：耦园大门前是一条小巷，墙筑在巷底。就不能走到内城河水边了。

玖拾 ★

一九四四年 七月二十八日（行给爸爸的信）

父亲大人膝下敬禀者：

　　此暑热甚，蚊蝇繁多，床不堪睡，皆寝于地而又蚤扰。且喜阖门安好，尚足慰远念。《左传》日读一篇，由杨太先生教读，作文每星期日一篇，亦由杨太先生批改，且兼课读唐诗日二三首。大哥考取省一，每日上午到校补习。大阿姨日间出外，晚归课读《论语》。小妹拟跳考高小一年级，六妹亦将入校。今日为大人寿辰，母命儿等远具面食以为贺，且作书上禀，兼请

　　寿安

　　　　　　　　　　　　　　　　　儿 行叩上 七月二十八日

玖壹 ★

一九四四年　七月二十八日　（逊给爸爸的信）

父亲大人膝下敬禀者：

　　久未修函罪甚，遥想大人福体康强为祝。本月初九为大人五十寿辰，儿等因远隔千里未克前来，特敬泐数行以祝大人之寿。儿等在家自知用功读书，努力自爱，不负大人养育之恩。届日　母亲亦置面为贺，更植树以为纪念。家中各人均各无恙，望大人勿念。肃此敬请

　　福安

儿　逊叩上　七月二十八日（六月初九）

父亲

玖贰

一九四四年 八月十四日

四哥：

足足两周未得来信。我也两周未写信，你的一切，想很好的，此信到，或者你已避暑回来了，时时的念着！暑假里，整天的忙着工作，早上给小孩子们和同住的诸孩温课，十时后预备午饭，饭后略事针线活，为诸儿洗澡做夜饭等。机械式的工作，够乏味的。所幸身体很健，能天天维持着。诸孩于假期中从杨师读，颇有兴趣，拙儿初中毕业，会考及格，暑中于上午补习英算理，亦见成绩，堪慰！行逊虽未加紧补课，而身体颇健，亦可告慰！易病后未见胖，假期里任之嬉游，渐见胖。晦先后天均不足，不见胖，淋巴腺有些肿胀，惟嬉戏如常，活泼可爱！

西红柿十六元一斤，吃五十斤之多，西瓜也吃的，物价虽高，而我们日必有荤，怕他们营养不足，人或以为我不顾前程，我现在常以只顾眼前为目的。飞初欲脱离学校，而就银行，暑中实习一月，几乎病倒，结果仍是落空。达人先生 [1]，乃忠厚长者，急的加薪，现在又到校办公了。舒秀此次来苏，言及大姐很安。学校将开学了，学费大概需一万多，出新想买米，你手边如有钱，多划些给刘家，我在此取，很方便的。入秋，天已凉，今日到校办公，累极！因即便付邮，就此止。

一贯 八月十四日

1.达人先生：时一飞姨母就职的学校崇范中学之校长。

玖叁

一九四四年　九月十六日

（缺首页）

起八现在后宅执教，有米贴，较城中强，漱六如旧，可以勿念！我等生活，决可敷衍，幸勿为念！鸿景况不佳，而已有孕，妹婿任性极，二人感情佳。千旭均生活优裕，君维兄亦做过一任好差使，三兄死后下台，形形色色，看看颇热闹，惟我家之苦干，无人见也，亦不欲人见也。房东刘师母，此次来苏颇久，与我很相得，我以此自慰矣。幸常来信！遥祝你康乐。

一贯　九月十六日

刘家款每月十五取已取五次矣。又及。

玖肆

一九四四年　十二月二十七日

四哥：

　　这周又没有来信，渴望着你信，希望你抽些时候多写信。这一月来为着晦儿病，弄得头晕眼花，现在总算复原，惟一刻不离我，抽等均安，幸勿念！

　　这几天物价涨得惊人，青菜萝卜八十元一斤，我们单吃素菜，就得二三百元一天。面粉一百三十元一斤，我们米面各一顿，早晨山芋（山芋二十五元一斤），不吃闲食，月化六万尚不够，我又在发愁呢！深悔着不早到你处，可以少去许多着急。

　　报载成都被炸，又念着你的安全，夜间辗梦，梦醒必哭，惊异恐怖，同时在梦中。刘家除月支一万外，借支六万，你偿还他们时，去信叫他们来信，告苏付款人，否则明春将扣借款。匆此，祝你平安！

一贯　十二月二十七日

父親大人：

我很想掛你你一向好嗎昨天接讀您的信，我很快樂你把唐詩已讀很多了大阿姨剛剛天敎我讀唐詩我知今每讀詩我詩不會唸愈像文，抄一篇給您看看好不好……妹您要好！！

您的女兒

易叩上

遠足了，我們到惠蔭祝園去遠足看畫報我們到假山上玩

四月十七日

蘭公全說你們也要回似一金魚餵山很好玩的幾天玩了一壺獻

幹隊回忙

玖伍

一九四五年 一月九日

四哥：

　　自从接到你双十发的信，一直没有接到过你的信，你的一切近况如何？忙得怎样？是少写信呢？还是邮递迟滞？使我猜想不出。晦儿病已复原，拙等亦健，近日正忙着学期考试。一月来物价奇高，青菜二百元一斤，萝卜一百二十元一斤，其他可以想象。我为生活煎迫，终日无安定，举债在十五万以上，此后如何，更不堪设想，奈何！大明刘父子，恐已他往，你汇款去时，可附一信与厂中经理（前信曾告你姓名，现已忘），询彼父子在厂否？如在厂中，你再致信刘父，告以刘师母在前月十一忽患寒热，经检验结果，系伤寒，延中西医并诊，得在二十八天上退热，现正在调养中，病中颇念刘父子媳女，希来信慰她病后枯寂。我们款项，亦盼来函提及，以免我常此负债。

　　你无信来，我很觉无话可说，昨日大雪，冒雪带晦儿上学，行路颇艰，归途中跌了一跤，幸未伤，今日我独自到校，拙儿已考毕，带易晦在家。去年一年无雪，今年雪大，积近尺，清晨到校，仿佛溜冰，惜乎心地不宽，无心欣赏。年假中拟命诸儿温习国文，仍请杨师指导，对诸儿学业，我也时常耽心，只盼着你能早回来，我才放心。渐渐的冷，砚又冰，留着几行不写了，盼你常有信来！

一贯　三十四年一月九日

玖陆 ★

一九四五年 十一月十八日 （易给爸爸的信）

父亲：

　　别后已有数年了，想大人身体一定康健。家中之近况，想大人一定听到过。母亲在去年冬天常常发气喘病，现在好了。近来大人来信又停了二星期，母亲又觉不安，忽然今日接到大人来信，母亲才觉安慰。大人在那边舒服否，这里的人都很好，请大人勿念，大人是否要回家，我听见母亲说要明春才回苏州。女校中第一次小考已考完，均能及格。我现在在小学六年级读书，六宫是在读一年级了，现在我谨告的已完。祝你

　　康健。

女易叩上

附：母亲旧作

書 彩 水 貫 一 張 生 科 預

署名：预科生张一贯水彩画

刊载于《江苏省立第二女子师范学校校友会汇刊》第 14 期，

1 页。（1922 年）

说女子求学之要

人无论男女皆当自立。不能自立而徒藉父母之庇荫，亲族之周恤，虽丰衣美食，亦可耻也。然则如何始能自立？曰非求学不可。或曰，女子但能尽其治理家务，教导子女之天赋，即为已足。何必更求学问？呜呼！此大谬也。夫女子人也。男子亦人也。女子必依赖男子。究何故乎？今姑勿论其他。即以家庭之间治理家务教导子女论之，女子苟非略明书算何能区划家政，使之井井有条？苟非读书明理，何能改良家庭教育？子女不致有卑鄙之行为，此非女子不可不求学之证耶？况今者世局日新，东西各国之女子，无不与男子受同等之教育。凡社会之间，若工场，若商店，若邮电各局，若教育界，若慈善界，若医生律师等业，无不有女子厕身其间。故彼国女子，非独不依赖男子，并可减轻男子之负担，辅助男子之不及。其国之所以日裕其民，之所以日富者，良有以也。我国女子倘仍守无才是德之谬说，以求学为不急之务，吾恐非特女子失其自立之能力，即家庭生计，国家经济亦必受其影响。我女界同胞，奈何不猛省哉。

署名：江苏吴县私立明德女学校高等一年生　张一贯

刊载于《少年杂志》第十卷第二号（1920 年）

与人论文书

某姊如握，昨接来信，敬悉某君自毕业以后，在家专修国文，若骈文，若律诗，尤为注意。妹闻之，不胜钦佩。然惟此是务，未免太为迂拙。夫文为语言之代表，以能说理叙事描情写景为上，而说理叙事描情写景尤以真切为主。所谓骈文、律诗者，不问事理之切实与否，但求声调之铿锵，辞藻之华美，雕琢太甚，铺张过当，往往辞多而意少。若是而研究之，岂不与文之本旨相刺谬乎？鄙意以为，学文之目的，在于文笔自然，文体自由，使良好内容能充分表现，不为形式所束缚。其说理圆到，叙事清晰，描情写景无不合宜之文，即形式不美，格调不高，吾人当奉之为模范，学习之，仿效之。否则，文字虽工，宜掷弃之，焚毁之，不必加以研究也。今世界进化，岂可以陈腐之文，阻碍文学之进步乎？是故，求思想感情之发达，注重观察与经验，为文学家必有之事。至于文字之结构，描写之方法，亦不可不讲。然必先有良好之内容，而后可以着手。如因形式之束缚，而致精神不能自由发展，若骈文、律诗之类，皆非真正之文学也。不识吾姊以为然乎？顺颂 近绥！

署名：本科一年生 张一贯

刊载于《江苏省立第二女子师范学校校友会汇刊》第 15 期，184-185 页。（1922 年）

听演讲日本震灾感言

　　天灾流行，无可强避，一定之理也。此次日本震灾，可谓巨矣。昨聆赵紫宸先生演讲，被灾后情形，谓教育实业商业交通等照常办事，少有间断。若建筑，则方在计划。闻东京在五年前，必成一世界最完美之城，军备则急欲裁减云云。予有感于斯焉。夫人之罹灾，固至不幸之事也，然日本遭此灾祸，几为至幸之事。为此说者，似不合理，其实非也。盖日人之勇毅强悍，人皆知之，教育实业等，虽受影响，然秩序规则未尝破坏，不愁难以恢复。建筑则重新经营，可以适应各机关之环境，至若军备裁减，可将军费改充他费，经济不致困乏。其计划若是周密，我恐不及数年，非但能恢复故态，且将执东亚牛耳。回顾我国虽无奇灾而内乱频兴，庶政不修，安能御外？倘日人于痛定之余，乘人不备，我国将何如？我故曰，此次日灾，实促进国势之火线，我国人岂可忽诸？

署名：后师一年生　张一贯

刊载于《江苏省立第二女子师范学校校友会汇刊》第16期，

15页。（1923年）

诗三首

赋得山中一夜雨

一夜萧萧意，泉声入远湾。

如何千点雨，不隔万重山。

毓秀苍松色，含滋翠柏颜。

红尘从此净，白水自相环。

处处烟云密，潆潆壑谷间。

四围成画本，抚景老僧闲。

竹

幽人乐与竹盘桓，暑日闲来我亦欢。

暂借古人诗一句，森森竹里复生寒。

杂诗

沪上甫来黎黄陂，大盗窃国入京畿。

人民元首竟堪逐，共和政治自此非。

愧有电文保障载，裁兵宪制天下欺。

项城走卒无良者，阿瞒后裔已可知。

爪牙满布防人讨，更谋结党多树私。

世有军人不识丁，总统不识实所稀。

中国总统却如此，故尔友邦莫不奇。

军人素称爱国者，耶徒玉祥洛阳吴。

今忽大变所怀志，低首下心把曹扶。

军人扶曹岂足责，沾身议员实可诛。

仅为区区五千元，不惜猪仔被人呼。

一己名誉固丧尽，中华国体焉有余。

且看孙文定粤局，北连奉张浙合卢。

义旗共举来征伐，大好山河仍还吾。

署名：张一贯

刊载于《知新》第 6 卷第 1 期（1923 年）

下篇

怀念：坚毅·贯的人生

一、怀念母亲 [1]

母亲在耦园

1. 2000年，为了纪念母亲诞辰100周年，辉妹欲印行母亲致父亲家书。并发起儿孙写自己对母亲、对奶奶的记忆与怀念，一并印刷。这里所选其中的几篇，大多即为此时2000年所写。其中《妈妈在耦园》为辉后几年补记。

辞　职

钱行

从中华民国三十四年抗战胜利后，母亲就在北街第二中心国民学校做校长，一直做到 1950 年 1951 年之交的寒假前，她辞去校长职务，奉调去大儒中心做教员。大概还没有到职，就忽然发病，从此离开了学校工作。

母亲为什么辞职？当与当时突然发动的镇压反革命运动有关。

当时全国范围内大张旗鼓地镇压反革命，北街小学不过三四十个教师吧，却至少有两人涉及。一是一名青年教师，是我舅舅推荐来在学校当教师的，当时借住我家，忽然被捕，而且报纸发了报道（当然后来是平反了）。一是一位中年女教师，她是妈妈早年的同学，现在的同事，还是耦园的邻居，因以前曾在三青团任职而害怕，试图以触电自杀，没有成功（后来，其实也无事）。这两件事，似乎都像与我妈妈有关，所以她就毅然提出辞呈，辞去了校长职务。或许会有人认为母亲的辞职也有畏的成分在内。其实，这辞职，实是一种无畏之举。

《新亚遗铎》载有父亲辞去新亚校长职务的文件（可惜妈妈辞职的详情没有留下记录）。新亚为父亲手创，筚路蓝缕地手创，及以三校为基础创建中文大学后，新任的校长用人不公，歧视原新亚教员，处此情形，父亲力争不果，乃辞去校长一职。父亲辞职以后，后半生继续创立不朽业绩；母亲辞职后，虽因病行动不便，而其后半生，是同样无愧于前半生，同样光辉的。

母亲父亲的辞职，后来我也曾经历了一次，不过辞去的是一"义工"职务。几个朋友在苏州创办一个传统文化研究会，每年出版会刊一册，我帮忙做编辑工作，其实无非看看校样而已。有一次，我写了一篇文章，讲吴县地名"陆墓"改成"陆慕"是不对的。正好传统义化研究会请退下来到地方领导为名誉会长什么的职务，他一见我这文章，即说这样写不好，主持编辑工作的朋友竟将我的文章乱改，把文中的批评变为赞成的意思。虽然他们都是多年朋友，出了这件事，我再做这个编辑，也就说不过去了，乃借故辞职。没有提及这件事，这是因为朋友也有实际困难，请书记担任荣誉职务，可以筹一些钱维持吧。

父亲的《素书楼余渖》书中收他晚年一副对联：

　幼生金匮让皇山啸傲泾　让与傲习成性
　老住台湾士林区外双溪　士而双享余年

母亲是幼生苏州，这让皇山啸傲泾，恐怕也只是安葬祖母时去过一次，但"让与傲成习性"却也不逊于父亲，辞职一事与她一生其他许多事上都可看到。看一下我们兄妹，似乎多少都继承了遗传了一份这习性——虽经历次运动磨炼而不改。古人说"诗礼传家"，或许父母的"让与傲成习性"，也能像诗礼一样传家，下一代下二代，一代一代传下去。但愿如此。

怀念母亲

钱逊

　　我生长在战争的年代。1933 年，我生于北京，1938 年五岁时，因抗日战起全家迁往苏州。此时父亲随学校南迁，先到昆明，后去四川；母亲带着我们兄弟姐妹五人留在苏州。父亲从后方回来时我已十五岁，读高中二年级。从我记事起到开始思考人生选择人生道路，这一生中的关键时刻，都是在母亲的养育下走过的。

　　母亲对我的教育，现在回想起来，不记得曾讲过多少道理。印象最深的是，她总是向我们讲，我们是书香门第，你们的父亲是一位名教授，他是完全靠自学成功的，用父亲的榜样来教育鼓励我们好好学习。那时尽管我对父亲和他的学术成就没有什么具体的了解，但父亲是一位靠自己苦读而成名的教授这一点却已经深深地印在脑海里了。要像父亲那样成为一个有学问的人，也成为我幼年和少年时期的一种向往和追求。

　　母亲还给了我们一项特殊的教育，就是读古代经典。还是我上小学的高年级或刚上初中的时候，母亲曾请在中学任教师的大阿姨在假日教我们弟兄几个读《孟子》《左传》。我年龄小，只是跟着背。不过现在想起来，这对我日后的学习和成长，在许多方面还是有很多好处。

　　母亲的教育多是正面的；在我的记忆里，母亲总是和颜悦色的，没有受到过母亲严厉呵责。尤其是在我们年龄渐长之后，她对我们更是支持多于管束。生活在沦陷区，日军的暴行曾在我幼小的心灵中留下深深的烙印。抗日战争胜利结束，沦陷区百姓欣欣鼓舞，普天同庆。记得大哥曾精心地做了一件竹刻，刻的是"永享和平"四个字。可是随之而来的却是接收大员的"五子登科"，美军吉普的横冲直撞，内战烽火再起；物价飞涨，不少同学家庭经济困难，无力负担学费……京沪等地学生运动风起云涌，苏州军警也如临大敌。当时我在苏州中学读初中，在校住宿，记得一天早晨竟赫然看见机关枪架到了校门口。环境使人早熟，迫使我们不再无忧无虑地学习，更不再天真地陶醉于抗日战争的胜利，而开始关心时局，思考国家大事。这时我接触到进步学生、进步书籍，接受他们的影响，也开始参与进步学生的活动，最后参加了新民主主义青年团的地下组织。那段时间我和哥哥常在星期日和假日参加一些读书会之类的活动，也有时晚上不回家，住在同学家中，母亲从不干涉、阻拦。1949 年春，形势紧张，学校里也有同学被捕。有的同学曾到我家暂躲，母亲并不细问缘由，只是以母爱热情接纳了他们；还给我们每人几枚银圆，带在身上，以备不时之需。

在当时，对于母亲的教育，自己似乎并没有什么特别的感受。可是半个世纪之后的今天回想起来，却深感我这一生后来的成长，实在都和母亲的教育分不开。

1949 年 4 月苏州解放，暑期我考上清华大学，9 月离家北上。那时的青年热情高涨，往往有一种幼稚病，把自己交给国家，而忽略了家庭，我也不免于此。十几年间，除了按月寄回一些家用和平安家信之外，长期没有回家看望。70 年代初我由江西农场回京，途中顺道回家。母亲见我，激动万分，拉着我的手，口中喃喃自语：你们看，我的儿子回来了，谁说我没有这个儿子。我长期不回家，竟然使周围邻居都不相信母亲有我这个儿子的存在。这对母亲精神上的打击有多大！这件事，母亲的这句话，给我极大震撼，至今当时的情景犹在眼前，每念及此，愧疚之心不能自已。

还有一点要提到。抗战八年和胜利后的四年，生活是艰辛的。母亲当时任小学校长，工薪微薄，父亲从后方汇回一些生活费，常常不能按时收到。母亲要支撑一个家，要保证我们五个孩子的生活和学习，承受着巨大的压力，付出了全部心血。后期物价飞涨，领了工资必须马上换成实物，以免贬值。可是所有这些，母亲从不让我们知道，她只是默默地独自承受一切，而我们自由自在，无忧无虑地学习成长。记得还有这样一件事。当时为防货币贬值，母亲买了一批铅笔存在家里。我看到铅笔比我们平常用的要好，偷偷地拿了几支。母亲发现铅笔少了，十分着急。幸好我没有把铅笔用掉，把笔拿了出来，才算没事。由此可见母亲的艰辛和我的不懂事，不仅不能为母亲分忧，还时时给母亲添乱。

我有一位有名的父亲，母亲却是默默无闻的。人们常说我是家学渊源，我总感到十分的惭愧。因为种种原因，我直接受教于父亲很少，还曾一度在思想上与父亲处于相对立的状态。只是到了知命之年，才从头读父亲的书，了解父亲和他的学术。家学渊源云云，我是不敢说的；家庭的教育和影响则是重要的。家庭对我的教育和影响，是由默默无闻的母亲和有名的父亲所共同给我的。在我一生最重要的幼年和少年阶段，是母亲的教育引导了我；而在我后半生，父亲通过他的著作给予我的影响是重大而深远的。是他们共同塑造了我的生命。

无法报答的恩情
钱易

邻居家有一位九十岁的老太太，常常会让我想起我的妈妈。我对她的女儿说，她健康长寿是有福气，你能有机会伺候她也是福气。我这一辈子从妈妈那里得到的爱说不清，道不完，但我给予妈妈的又有什么呢？早期是因为年幼无知，接着又与妈妈分隔千里，再后来还有政治运动的影响，我似乎总是只顾到自己要干什么，却没有想过妈妈需要什么，在妈妈遇到各种各样困难的时候，我这个女儿对妈妈简直没有能帮上一点忙。我知道妈妈对于我的不孝和不懂事，是一直宽恕原谅的，但自责往往使我心痛不已，因为尽管我已经觉悟，我已没有可能报答妈妈的恩情了。

孩提时光

我能追寻到的记忆，最早就是东花园了。从北平南迁到苏州时我两岁多，我们住在耦园东花园五楼五底的房子里。当时处于国难，家中又因父亲远离、经济拮据、祖母病重、我和兄妹都还年幼，似乎应是十分凄凉困苦的。但我除了记得夜晚常常有灯火管制、漆黑一团的情景，也记得祖母病逝后的遗体放置在中间屋内，我们一一向她告别等情景以外，却不记得有什么特别的痛苦，反记得不少欢乐的事：妈妈常常带领我们兄妹在花园里漫步，我们则调皮地藏来藏去。每当盛夏夜皓月当空之际，我们兄妹常躺在院子里的一张张竹榻上，听大哥讲北斗星在哪里，牛郎织女星又在哪里。每当秋风已凉，妈妈总是带

母亲照

领我们把一条条床单铺在桂花树下，个头不高的她举起长长的晾衣竹竿，轻轻地敲打树枝，金黄色的桂花立即像下雨一般洒落在床单上，我们高兴地帮助妈妈收起床单（也许是越帮越忙），知道妈妈会把它们变成又香又甜的桂花糖浆，够我们吃好一阵子。过年的时候妈妈特别忙，她坐在火炉前做鸡蛋饺的情景，至今历历在我眼前，妈妈还会自己做年糕，我等着这些美食，心中觉得妈妈无所不能。妈妈每天从学校下班回来，还要为邻居的一大群孩子做家庭教师，三个哥哥已经有资格参加了，我却只能在一旁看着妈妈，听着妈妈，我没有觉得枯燥，因为我眼中的妈妈很美，妈妈的声音很好听……妈妈就是这样，用她的勤劳、智慧、乐观、容忍，在本应困苦的生活中加入了甜味，使孩子们没有受到太大的委屈和痛苦。

困难的年月

　　1943 年，因为战事阻停了从父亲处提供的经济来源，家中越发拮据，房东要我们搬到比东花园小得多的西花园去住，房子只有东花园的三分之一大。这一段时期的生活，是我记忆中我们家最困难的年月。印象最深的是那年秋天，大哥、二哥和我一起患上了伤寒，一间小小的卧室里挤着四张漆成绿色的木床，躺着三个小病人。虽然有妈妈的医生朋友前来诊治开方，但买药、煎药、伺候这些小病人服药还得妈妈来做，妈妈白天还要去学校上课，我真不知道她是怎么应付的。好在大阿姨、小阿姨能抽空来帮忙。后来大阿姨也病了。记得一次房东太太来看望我们，发现我正捂着大棉被发高烧，立即请来了医生，医生说我是发疟疾了，还说当晚要小心照料，能安全度过就好。妈妈感谢过房东太太，与大阿姨一起在厨房里边熬药、边落泪（是大阿姨日后告诉我的），总算万幸，我的小命获救了。

　　真是屋漏偏遇连夜雨，我们三兄妹还没有痊愈，辉妹又跌断了腿。她当时还没有到上学年龄，妈妈每天带她上学校，让校内工人代管，谁料她从楼梯上摔了下来。于是小病房又添了一个小伤员。我不能想象是什么力量帮助妈妈支撑了下来，从她给父亲的信中得知她那一阵有连续三夜不得睡觉的。也知道妈妈自己身体情况不好，常常受到头痛、失眠、疟疾、气喘等病痛的折磨，但妈妈吃药怕价贵，又没有权利休息，一直处于透支状态。妈妈的辛苦照料使我们一个个转危为安。她的恩情，我们又如何报答呢？

　　记得我当时正读小学三年级，因病拉了不少课。病愈后妈妈利用晚上时间给我补习，白天也把我带到她任教的北街小学去做旁听生。

寒假过后她说，你可以上四年级了。就这样我因病拉课反而跳了一级。三个哥哥也都是跳级的，他们是上完五年级就考初中。妈妈作为一名小学教师进而当小学校长，有她的教学方法和开发孩子智力的办法。她陪同带着我们游玩时，听到我和三哥大谈雪中游玩的乐趣，立即启发我和三哥各写一篇"冬日游戏记"寄给父亲，三哥写的是文言文，一共四行，我的文章只有两行，字数虽少，也是很好的锻炼吧。我们日后在同班同学中都是年龄最小而功课却不差的（甚至是最好的，三哥就曾经是全班第一名），妈妈是功不可没的。

　　我还对住西花园期间遇到的一件倒霉事（后来又变成了趣事）有深刻的印象。一次，清晨起床后大家都觉得家中奇臭无比，最后发现是厨房的水缸里淹死了一只黄鼠狼，臭味是它急于求生而不得时放屁不止的结果。大家都觉得十分恶心，大骂可恨的黄鼠狼。当然又是妈妈做主，请来了看大门的工人帮助，把黄鼠狼打捞出来，将一满缸水倒掉，清洗水缸，重新吊水，忙了好一阵子。妈妈在遇到这种意外的倒霉事时也不失她的聪明能干本色，她请人宰了黄鼠狼，黄鼠狼皮送给了出劳力的工人，黄鼠狼肉则拿来改善我们兄妹的生活。当时家中难得开荤，我是家中有名的"吃肉和尚"，这次的黄鼠狼肉大约是我吃得最多吧。

胜利前后

　　从妈妈给父亲的信中得知，当时父亲希望我们举家西迁，妈妈作了反复、认真的考虑，包括路费的筹措、路途的安全、路线的选择等，也一再与父亲在信中商量，最终未成是可以料到的结果。妈妈再能干，也还是没敢拖儿带女跨越战区和封锁线，她更担心的是没有足够的盘缠。于是我们与父亲分隔两地达七年之久。父亲走时辉妹还在妈妈腹中，待父亲回家时，她已是小学生了。

尽管被父亲留下来的父母亲两地书中的一半告诉我们，那个年代里他们之间是多么相互牵挂、恩爱，孩子们的安危和成长又一直是他们共同的关注，但他们毕竟分离得太久了。我已经记不清久别重逢的情景，只知道在父亲回来之前，我们又搬回了东花园。不久父亲回来了。他白天的大部分时间都在书房里度过。我也记得父亲发现哥哥们在阅读一些革命书籍，曾把他们一个个轮流叫进书房训斥。

父亲再一次离家远行的情景，我也记不得了。我只记得，在解放军快进苏州的前夕，风声很紧。三哥的一个同班同学被捕了，家中充满了紧张的气氛。妈妈又表现出了超人的冷静和智慧，她凭借自己的好人缘，让三哥和他的两个好朋友邱仁宗、徐功敏一起躲到城墙脚下的尼姑庵里避难。几天后苏州解放了，他们安全回家，一场虚惊总算过去。

解放前后，大哥、二哥相继患上了肺病，大哥吐血不止，要拿铁罐接着。这在当时是一项重症、难症，妈妈又一次独自挑起重担，求医、煎药、筹划家中开支，记得还曾变卖了黄金首饰去买药，更困难的是在精神上挺住。妈妈都做到了。哥哥们也能乐观地对待疾病。记得妈妈要求他们天天吃三个鸡蛋，大哥就坐在床上玩起了竖鸡蛋的游戏，起初是竖熟鸡蛋，后来发展到竖生鸡蛋，可以在架在床上的小桌子上竖起近十个鸡蛋来。大哥还在床头墙上贴了一张纸，画上了一只梨、一只苹果，吃了一只就在其下画上一道，充满了生活的情趣。妈妈为了既节约钱，又能保证他们的营养，自己在院子里养了一大群鸡。那时还没有提倡接受工农兵再教育，可妈妈已经不是手无缚鸡之力的知识分子。妈妈

165 下篇 怀念：坚毅一贯的人生 165

总是这样，孩子们需要什么，她就去做什么，她想做什么，她就能做什么。在她的爱心抚慰和尽力照料下，哥哥们都战胜了病魔。

妈妈病了

妈妈为了支撑这个家，这个上有老（祖母和不住在一起的外祖父、外祖母）下有小（我们兄妹五人）的家，十多年来忙里忙外，管人、管钱、管吃、管穿、还要管鸡，实在太操心、操劳了。妈妈还承受着种种我们不懂得、更不能分担的精神上的压力和感情上的痛苦。妈妈终于病倒了。那是1951年，她辞去北街小学校长的职务后不久，一天清晨，她突然不能起床了，甚至都不能翻身、不能动弹、说话都不清楚了。须毓筹医生（我们称呼她须姐姐的）诊断说，妈妈因中风而半身不遂了。我们都吓得手足无措，感到天塌下了一般。还是妈妈镇静，一天天地服用须姐姐开的药，妈妈的病情渐渐得到了控制，她又遵照医嘱顽强地进行自我锻炼。终于逐渐能够活动了。我至今记得妈妈一跛一跛地一步步迈步的样子，天知道她有多坚强，她付出了多少努力。她终于能够使着一根拐杖自己走路了，慢慢地又摆脱了手杖，她的右手像是被重重的负荷压着而不能举起，但她学会了用左手打开煤炉、加煤饼、炒菜、做饭，她还会用左手写字……从得病到辞世，她活了二十七年，每一年、每一天、每一小时、每一分钟，她都要与残疾带给她的痛苦、不便、困难和无奈作抗争，与得病前一样，妈妈还是没有怨声载道、唉声叹气，她只是坚强地与命运抗争，而且她成功了。

她哪里像一般人想象中的残疾人？她哪里像一个半身不遂又年过半百的病人、老人？她不仅可以自主生活，还在周围的人需要的时候为人们做事。1952年后，一大批抗美援朝归国志愿军伤病员住进东花园，妈妈竟成了他们的文化教员，还常常帮助这些年轻人写家信。我这时已经不在家中住，每次回家总可以看到妈妈周围有一些年轻的军人，他们需要妈妈，也愿意帮助妈妈，妈妈好像又多了好些儿子。

我还永远记得在妈妈病前我曾经做过的两件让妈妈不高兴的事。

一件事是我刚进初中不久，妈妈送我一只手表作为奖品，当时初一学生戴手表是很稀有的，我大约十分得意，到处炫耀。结果有一个男生问我借，说他戴几天后还给我。我大方地答应了。没料到他过了几天告诉我手表丢了。我至今不知道他说的是真话还是假话，我也不知道该怎么办。妈妈知道后肯定很不高兴，但她没有骂我，没有大声嚷嚷。我知道自己做了错事，后悔莫及。

另一件事是我决定弃学参加文工团，名为参加革命，实质是我喜欢以唱歌、跳舞、演戏为主业的文工团生活。妈妈明确地告诉我说，你应该继续读书。但我没有听从。我当时已经认识了不少我敬仰的革命前辈、艺术老师，我觉得他们的话更中听。妈妈肯定是很不高兴的，但记得妈妈也没有为此事责备我，也没有大声嚷嚷。在我记忆中，妈妈从不骂孩子，更不打孩子，直到我自己当了妈妈，我才体会到妈妈对孩子的爱有多深，妈妈的修养又有多深。

辉妹回忆起了搬家，我完全有同感。从耦园搬到王洗马巷，大约是1956年，当时我已经上了同济大学。我没有听到一点动静，没有出一丝一毫力气，妈妈已经把新居安好了。在妈妈的生活中，特别是她与家庭、子女的关系中，妈妈对自己的定位就是奉献，就是给予，她从来没有想到，子女大了，她自己是病人、残疾人，她应该享受子女的照料，而不是她继续为子女操心、操劳。她不这样想，因此病后仍和病前一样，对长大的孩子仍和对幼时的孩子一样，用她的全身心为家庭、为孩子、以至为邻居、为他人，奉献自己的一切。妈妈还参加了政协，积极地开会、活动，真是老当益壮，奋不顾身。妈妈的人格是多么伟大。我但愿自己能不仅是外貌像她，而且在人格、品德上像她。

　　我在同济大学读书的四年中，总是盼望着放假回家，开学时则计算准了火车开车时间，不等到最后一刻不会离开家。每次放假回家妈妈都会给我做好吃的菜，还会告诉我家中的一切大小事情。我也有充分的自由，可以躲在小屋里看小说。好几次我猛然回家，人未进屋先叫妈妈，妈妈会答应："是阿六回来啦？"我们姐妹的声音连妈妈都分辨不出。我这时会高兴地跳进去，抱住妈妈笑个不停。有一次放假我带回了六个同学，他们都是想一睹苏州这个天堂的风采的。可以想

1957年送钱易进京前，前排左起母亲与飞姨，后排左起依次易、拙、行、辉

见我给妈妈添了多少麻烦，可妈妈是高兴的，有一张在院子里我们围在妈妈身边的照片，记下了这个时光。我回家只是享受做女儿的快乐，对妈妈几乎没有什么帮助，有一次我自告奋勇为妈妈煎药，药罐放在炉子上，我到屋里去看书了，结果药糊了，药罐裂了。我从小就不会干活，与妈妈相比差得远了。

远离妈妈

大学毕业那年，我又一次没有听妈妈的话。我填报的志愿是去西北兰州参加大建设，妈妈舍不得，曾给胡家骏教授写过一封信，希望我能留在上海。胡先生的父亲胡达人老先生是父亲在苏州中学任教时的同事，还是很相知的朋友。胡老先生还曾任苏州崇范中学校长，大阿姨曾在那里做过教师，几个哥哥又都是崇范中学的学生。同济大学的胡先生知道这些渊源，对我有着超过一般学生的关爱，妈妈写信这件事也告诉我。我对妈妈这样作大不以为然。后来胡先生鼓励我报考清华大学研究生倒打动了我，我决定迎接新的挑战，也希望到远处去看一看更广阔的世界。我当时一点都没有想到妈妈的心愿和妈妈的需要，妈妈一年年衰老起来，妈妈一定希望女儿离她近一点，回家的次数能够多一点。而我却只想远走高飞。妈妈知道了我的决定之后，又是什么都没有说。我后来才觉悟过来，当时的我怎么还是不懂事、不会体贴妈妈呢。

接下来就是长达近二十年的相隔千里的离别，因为路远，也因为钱少，我回家的次数少得多了。我在北京恋爱、结婚，只是事到临头告知了妈妈，女婿未上门时自己去拜见了一次丈母娘而已。记得大阿姨后来说，她曾经问妈妈："你就这样同意把女儿送给人家了？"妈妈回答："女儿愿意，我就同意。我不同意也是没有用的。"妈妈就是这样开通。在那个年代里，恋爱、结婚也许需要向组织申请，却是完全不顾家长的意愿的。

结婚后忠祥远去苏联的列宁格勒深造，我怀孕时正值"大跃进"时期，拖着沉重的身子开夜车、受批判。产期临近，忠祥嘱我去上海，我只好依他，但我当时还没有见过婆婆。我怀着惴惴不安的心情登上了南下的列车，在车上忍受住了偶发的阵痛，终于到了上海的婆家。没有料到的是妈妈竟然已先我而到。我这时的心情真是难以形容，我为妈妈拖着残疾的身子专程来帮助我感动得心痛，同时却觉得自己安全了，不怕了。我还是没有长大的妈妈的女儿啊。当夜妈妈与我睡在婆婆的大床上，半夜我就开始阵痛，是妈妈起床叫醒了三姐，坚持要她尽快送我上医院。我的大儿宁在第二天清晨顺利出世，妈妈照料了几天后自己回苏州。想一想她已经年近六十，还跛着脚，却为了女儿和外孙独自乘坐汽车、火车赶来上海，不是完全的忘我又怎么能做得到？

宁儿两岁时我曾经带他去苏州。他是我们家第三代中的老二，老大钱军在北京，当时大哥、二哥都还没有孩子，因此他在苏州分外得宠。妈妈陪着我们母子出外游玩，在家为我们烧饭做菜。大哥骑着自行车带宁儿到处逛，宁儿睡觉时大舅舅还要不时去看他，希望他早些醒来。

我们的老二宇儿在北京出生后不久，"文化大革命"的风暴就刮起来了，我为了他受过几次批判，只好忍痛送他去上海奶奶家。那次匆匆去，匆匆回，因为怕耽误参加"革命"的时间，都没敢弯一下苏州看看妈妈。在北京听到大哥、二哥受到冲击、家中被抄的消息，真

1963年长女婿忠祥来苏州，拙政园合影

想把妈妈接到身边来，我虽然是人所共知的"反动文人"的子女，至少还不是专制对象，但当时我们的家只是一间屋，还在四层楼上，与另外两家合住一个单元。正在犹豫中，我又接到命令，三天内就要出发去江西的农场劳动。没有能够接来妈妈，还要设法安置身边的宁儿。我忍不住地眼泪直流，是忠祥宽慰我，允诺说他会设法把宁儿也送去上海奶奶家。

记得我是1971年从农场"改造"回来，去上海接回宇儿时带他去苏州见外婆的。那时大哥、二哥都去苏北了。家中就是妈妈自己。我们家住的房子也搬进了几家新住户，像是一个大杂院。有的邻居不通情理，仍旧相信造反有理，妈妈的生活不仅是寂寞，也是非常困难的。但妈妈一如既往，没有用她的困苦来影响我们短暂相聚的欢乐。只是出了一件意外的事，使我觉得对不起妈妈。那是宇儿淘气不懂事，他吃饭时拿着外婆给他的象牙筷子，在桌子上敲打着玩，竟然把一副象牙筷子敲断了。我正要对孩子发火，被妈妈立即制止了，她说："孩子哪里知道轻重？"于是没有出现大人叫、小孩闹的局面。妈妈的气量和宽容，是我远不能及的。

不记得是哪一年了，妈妈大约是得到了退回的抄家物品和存款，决定将钱分给我们兄妹，我记得不过是每家三百多元，但那是我们家的第一笔存款。记得宁儿出生后我每月要花费近 70% 的工资在他的托儿费上，妈妈总是为孩子做衣服寄给我。我除了每次回家给妈妈买一些吃食以外，没有为妈妈分担过什么。忠祥回来后，他必须每月寄些钱抚养老母，我们就没有余钱再寄妈妈了。我知道哥哥们都寄钱给妈妈，辉妹则在调回西山后接妈妈同住，使妈妈最后的一段日子得到了温暖和照料，对于这些，我也是永志不忘的。

我曾经去过西山两三次。西山的自然风光很美，乡村的人也淳朴，我记得妈妈的大床放在辉妹和为国的房中，他们夜间一听到动静就会起床照料妈妈，白天则常常把藤椅放在院子里，让妈妈接受太阳光的温暖，顾青描述的赤脚医生和邻居婆婆常会来看妈妈，新鲜蔬菜和瓜果也不缺。但那时辉妹家的生活也并不富裕，特别是乡村的卫生条件差。我记得西山的蚊子十分猖獗，它们围着妈妈转，我使劲赶也赶不掉。妈妈十分珍惜我带去的吃食，她总是要分一些给外孙和外孙女，留给自己的那份本已不多，又舍不得一下子吃完，就放在桌子底下的饼干筒中。我又曾经想接妈妈到北京来，但那时也只有一间半住房，也仍需要爬楼。我们想尽一些孝心的愿望到底没有能实现，成了终生的遗憾。

妈妈走了

妈妈终于离我们远去了。她已经为我们耗尽了心血，她已经圆满地写完了她自己朴实无华的但又是光辉灿烂的历史，她应该安息了。妈妈一生七十八年，前三十年的情景我们不大知晓，只知道妈妈读书成绩很好，还是学校运动会上的短跑运动员。妈妈结婚后，曾经有过近五年的欢乐时光，虽然接连生孩子很辛苦，但我相信那段时光的妈妈是快乐的，幸福的。然后就是与丈夫的分离，独自承担家庭的重任并从事光荣的教育事业，长达十余年。最后是病后的二十余年，不断抗争，不断奉献，直到生命的最后一息。妈妈啊，你在我的记忆中，几乎是完美的，外形美，心灵美；善良、能干、坚韧、宽容。不论是苦是甜，你对生活对他人的态度始终如一，只想为他人奉献自己，从不想取得回报；永远乐观、坚强，决不灰心失望，就像你的名字一样……我无法总结你的美德，我只求自己要多像你一点。遇到困难、挫折、冤屈、病痛时，我会想一想，如果是妈妈，她会怎么对待，我也要试着照你的心态去对待。人总是要去到另一个世界的，我除了为自己没有能够报答你的恩情感到内疚、遗憾外，相信你这样的好人会在那个我们不能相通的世界里得到来自各方的更好的回报。妈妈，女儿在呼唤你，但愿你能听到。

想念妈妈

钱辉

如果妈妈还在世，那么今年她要过她的一百周岁生日了。可惜她不在，她已经离开我们有二十三年了。

妈妈在世的时候，我似乎总是在她的前边跑，很少注意妈妈在我身后注视我的目光，很少体会到妈妈在我身后对我人生的支持；妈妈离我们而去，悲痛之后，我却日渐感觉到了妈妈的目光，感受到了妈妈对我、对我们兄妹们的爱，感受到了妈妈的人生。在迎接新世纪的激动中，我越来越想念我亲爱的妈妈。

一

我读初小，就在妈妈当校长的北街中心小学。我隐约感到因为妈妈当校长而受到异样的待遇，这使我不乐意，于是，1949 年秋天，经考试进入苏州市实验小学去读书。之后进中学，进师范，毕业后又自告奋勇去了南京乡下的农村，离开了苏州，离开了妈妈。当时我只有十八岁，严格地说，实足年龄是十六周岁又十个月。我就这么义无反顾地从妈妈身边飞走了，我从没有回头看看妈妈，来不及看，来不及想。直到 1973 年，我从江宁县回来，到西山教书，才又同妈妈生活在一起。妈妈在西山生活了不到六年。这期间，我忙着学校的工作，忙着两个孩子，仍然没有关心过妈妈的心情。妈妈离开我们的时候，是1978 年 3 月，冬季刚刚过去，料峭春寒也正让位于明媚春光，而国家则刚刚经过了十年浩劫，百业待兴。老百姓盼望的好日子就要来了，我亲爱的妈妈却走了。

我没有注意过妈妈，她的想法，她的情绪，她的人生。只在失去她之后，我才慢慢意识到我失去了多么宝贵的东西，才意识到妈妈伟大的人生。不过，毕竟我在妈妈身边生活过，也经历了一些事，妈妈的处事为人，留在我记忆中，影响了我的人生。

二

这是 1952 年，耦园里住进了荣校的学员，这些十七八岁、二十来岁的志愿军战士，却大都是"老革命"，参加过解放战争，又参加了抗美援朝，负了伤，回国来，住进荣校。他们见过山东的、苏北的农村妇女、女孩子为支援前线做军鞋、为战士洗军衣，他们到了耦园，很自然地叫着"老板娘""小妹子"要求我们帮助他们缝被子。我从小娇惯，哪里会做这个？这时候，妈妈对我说："我十三岁能站在石凳上踮着脚尖扶着大秤称稻柴。"（当时苏州的人家做饭炒菜都是用大灶的，烧灶所用的柴主要是稻草，生活七件事：柴、米、油、盐、酱、醋、茶，柴是列第一的）说着，她用一只左手（妈妈因脑溢血致半身不遂，右手右脚基本丧失了功能）帮助我拉平被单，一边口授要领，指导我成功地缝了我有生以来所缝的第一床棉被。这似乎也是妈妈自己说到自己能干的唯一一次。

妈妈同荣校学员亲如一家。她帮助他们学文化，补习四则应用题，使他们顺利通过小学毕业考试，升入中学。其中有一位叫吴和生的，后来一直读到大学，农学院毕业后还到非洲帮助坦桑尼亚人民办农场。这位朋友，一直把我们的妈妈称做"妈妈"，即使在"文化大革

与二女钱辉

命"中，他也还常来看望"妈妈"。荣校有一个年轻干部要结婚了，妈妈把楼上的卧室让出来，给他们做新房，自己住到了楼下，还对他们说这只是"为了自己的方便"。妈妈自1951年新春脑溢血致半身不遂后，在床上躺了几乎近一年，荣校来耦园时，妈妈也正处在体能锻炼阶段，她努力地锻炼她的左手，学做自己独立生活所必须做的事，也养了一群鸡，趁喂鸡、取鸡蛋的机会，练练自己的腿。荣校学员中有的拄着双拐进来的，受到妈妈的影响，也努力锻炼身体，最后，丢了拐棍健步如飞，叫人几乎不相信他们口袋里的伤残证。

　　妈妈十三岁站在石凳上称稻柴，不只是当时令我有勇气缝棉被，我还学会了踩缝纫机，帮年轻战士们缝个鞋垫什么的。在之后的生活中，我也学会了做许多事，家事、农活、教具以及其他许多事。我总想，我有一个能干的妈妈，我也要努力做得能干些。

　　妈妈独立地把我们的家从耦园搬到了王洗马巷，这是1956年，大哥、二哥当时都在苏州当教师，我在师范读书，妈妈的理由是不能影响我们的工作和学习，并且她一个人能行。

三

搬家后，妈妈参与了许多社会工作，定期去苏州市政协参加学习、活动和会议（其实，搬家前也许已经参加了）。当时苏州市政协在鹤园，离王洗马巷比较近，妈妈就走着去，不坐车。我曾多次陪妈妈去，妈妈跟许多人打招呼，让我叫张伯伯、李伯伯的，可惜我大都没有记住他们的名字，我当时的注意全在这些委员的签名上，毛笔字写得多么漂亮！妈妈因右手不便，让我代她签到，每每签完到，我都为我的字太幼稚而害羞，不敢看人。大致只记得三位长辈。张大发，当时苏州市民革的负责人，不知为什么，好像是由他叫妈妈去政协参加学习的。马崇儒，解放初当过苏州市教育局长后来当了统战部长，记得就是在那个时候认识的。后来在大哥病危的时候，他代表组织安排我放下工作去苏州，大哥去世后也正是他对我们兄妹作了严肃的谈话，对大哥的一生作了充分肯定的评价。金静芬，苏州刺绣研究所老所长。妈妈曾介绍沈瑞华的女儿宝宝帮金所长做"走做"（就是现在称作"钟点工"的），金所长有了个帮助处理家务的人，沈瑞华家增加了收入，真是一举两得，两全其美。

不知怎么的居民委员会陈主任发现了妈妈，让妈妈当了小组长或者人民调解员。哪家夫妻吵架，哪家长幼不和，都要请"张先生"去。有的夫妻为房事不协调或者为不断地生孩子而闹意见，吵了，打了，哪怕半夜三更，也要来叫，往往妈妈一到场，事情就解决了。现在回想到一次半夜三更陪妈妈去邻居家排解纠纷的情景，还十分清楚地看见自己当时气鼓鼓的脸，我真恨这些不近人情的邻居，睡觉都不给人安宁，夜里冷，还要我们穿过黑得伸手不见五指的长弄，万一妈妈摔了跤怎么说呢？我是一百个不乐意。而妈妈也并不批评我，只是笑着说："好了，好了，我们回家。"不知是安慰我，还是安慰那一对吵架的夫妻。

1960 年，三年自然灾害和工作上的一些失误，使国家陷入了空前的困难，农村有饿死人的事发生，城市也不能幸免。居民口粮定量发放，副食品少得可怜，往往得以瓜菜充当粮食，才勉强填饱肚子，一时间，连豆渣也成了难得的营养品。邻居沈瑞华家孩子多，当爹的不顾惜孩子，只知道自己吃好，不问孩子饥饱，当妈的过日子没有计划，一个月的口粮往往半个月吃光了。妈妈看了，心里难受，就同他们一家开会，把口粮分给每个人，当爹的一份，大的女孩子宝宝一份，十来岁的一个男孩子一份，沈瑞华同两个最小的孩子一起吃，还代管了他们的口粮，十天半月给一次，免得一个月的粮半个月就吃完。这样做，当然好，只是十来岁的男孩还不会做饭，更不会自己把握自己的口粮，孩子也没有工作，不能到工厂的食堂吃饭。妈妈就把男孩子叫到家里，他们俩合在一起做饭。为着节省粮食，常常做青菜下面条吃，男孩子吃了面条，妈妈就吃青菜，男孩子吃了青菜，妈妈就喝汤。就这样度过了困难时期。现在我看见妈妈摄于 1961 年的一张照片，一向圆圆的脸变成了一张长脸，就想起了当年的情景，特别清晰，内心也特别明白，特别感动。

四

妈妈虽然早已因病离开了教师岗位，可是她对人、对孩子的情感真的是"夏天般的火热",妈妈一直都被人呼作"张先生""张老师"的原由就在这里吧。我心目中的老师就是妈妈这样的,我之所以当了教师,也是因为我把妈妈当作了我的榜样。记得苏联有个电影《乡村女教师》就是妈妈带着我一起去看的。那是 1950 年的冬天一个傍晚,妈妈走到皮市街口等候放学归家(当时我们住在北街中心小学的校长办公室的后间)的我,说是我们去看电影。到了电影院,她解开列宁装胸前的纽扣,取出一个搪瓷缸子,原来,是给我当晚饭的一碗热气腾腾的面,她一直放在棉衣里捂着呢。当年这样的经历还有多次,比如《以身许国》《丹娘》,都是妈妈带我去看的。我的少年、青年时期,做一个像妈妈一样的小学教师就是我不懈追求的人生理想。我该怎样向妈妈学习呢?这也是我经常思考着的。

五

妈妈的坎坷经历,语言不可描述。妈妈三十岁结婚,十年里,妈妈有了我们五个孩子,她的健康和青春都给了我们兄妹。四十岁前后,爸爸到后方教书,妈妈带着我们几个孩子,先在北京后在苏州生活,孩子尚幼,时有病患,祖母和外祖父母又相继去世,除了奋斗和等待还能怎么样?1946 年夏天,爸爸终于回来了!可是,爸爸在无锡江南大学工作,不到三年,又独自去了香港,而妈妈带着我们仍在苏州。全国解放,新中国成立!本该盼来好日子,妈妈她刚刚过五十岁却不幸半身不遂。妈妈抱着残疾之躯,生活了二十七年,直到去世。可是,无论是痛苦还是无奈、快乐或者忧伤,以及别的感受,她从来没有对我说过,我竟也从来没有关注过。妈妈是一棵大树,背靠大树好乘凉。

我竟然只知道乘凉，只知道一味地向前冲，去走自己的人生路，却从未想到为妈妈做一点小事，给妈妈一点关爱。尽管如此，妈妈对我的关爱却是一贯的，正如她的名字。我的一生中许多关键的时刻，都得到妈妈的全力支持。抗战胜利，我进学校读书，老师同学因我的名字取笑我，说抗战胜利了怎么还"晦气"，于是我就在妈妈的支持下把"晦"改成了"辉"。小学五年级，又是妈妈支持我换了学校，给我独立。师范毕业，国家正提倡青年"到农村去，到边疆去，到祖国最需要的地方去"，我本已分配在苏州工作，忽然，为了帮助一个分到外地去的女孩子，自告奋勇陪她去农村。就这样决定了离开苏州、离开妈妈，妈妈竟什么也没有说，只在我整理行李的时候，硬塞进一条崭新的羊毛毯。妈妈支持了我的婚姻，1964年春天，我什么具体问题都没有考虑，只是给妈妈一封信，说五月一日要回苏州登记结婚。等我四月底回到苏州家中，妈妈不但为我和为国各做了一套新衣服，还让大嫂把自己的房间空出来，同大嫂一起为我们布置了新房。走进这个房间，我心里酸甜苦辣咸五味俱集。妈妈支持了我的自尊，在我最痛苦、艰难的时候，总是有妈妈沉静的目光在看着我，还有妈妈作我的榜样，帮我度过艰难。

　　记得1969年底，大哥和二哥先后被"下放"到苏北农村的时候，我正怀孕着，要生我的第二个孩子。我的第一个孩子是在苏州生的，那时在妈妈的家里，在妈妈的身边，还有大哥大嫂在一起。现在怎么办？苏州只剩妈妈一人，我怎么可以再给她添麻烦呢？我决定回到黄埭婆婆家去生产。想不到，妈妈竟跟我一块去了。那一天夜里十点多钟，阵痛开始了，我叫着妈妈，两个妈妈都被惊醒。婆婆去镇西头请产科医生，妈妈留在家里，一边安慰我，一边生炉子、烧水，大约半个小时后，医生来了，一壶水差不多也烧开了。现在回想这些，想到妈妈当时已经是七十岁的老人，右手右脚又不便行动，还在半夜，我不能想下去，我的泪水充溢了眼眶。哦，妈妈，为什么我没有关注过你，没有体察过你的心情，没有给过你心灵的抚慰呢？我竟这样报答你的关爱！我是多么痛惜，多么愧疚呀！

六

在西山的生活是清贫的，又是平和的、温馨的，祖孙三代在一起，给我许多慰藉。经过了风雨，受够了委屈，分离了这么多年，终于能同妈妈、丈夫和孩子在一个屋子里睡觉，在一个锅里盛饭了！妈妈在家，两个孩子放学后便有了照应，每每我们回到家里的时候，妈妈已

母亲（左三）参加苏州政协活动

经烧了水，并指导我们的青儿灌了热水瓶。衣服已经收了，折起来放在床头，这当然又是祖孙二人的杰作。我们养了一些鸡，种了一些南瓜、葫芦之类的瓜菜。烧晚饭的时候，还可以在灶塘里爆爆白果或米花。有一次，放学回家的路上，为国买了一只大螃蟹。一只蟹，给谁吃呢？两个孩子想出一个合理的分配方案：外婆吃蟹的身体，爸爸和妈妈各吃一只大钳子，两个孩子各吃四条腿。当然在吃的时候，外婆又把蟹肉和蟹黄分给两个小馋嘴。这个吃蟹的故事，每年秋天都要重温，令我们对那些清贫而快乐的日子怀念不已。可是，妈妈在西山的日子里，我往往白天在学校，晚上吃罢晚饭，早早地催老的小的上床，以便我们在灯下备课或去学校学习。我还是没有时间多陪陪妈妈。妈妈的朋友是幼儿班的老师、赤脚医生和邻居的"老地主婆"，淳朴的西山人都同她谈得来，叫她"好婆"，特别是赤脚医生，几乎每天来看她。妈妈的最后几年，健康大不如前，跌过跤，把锁骨跌断了；哮喘越来越严重；心脏也不行；安眠药吃多了，有后遗症；脚背生痛，等等。好在赤脚医生每天来看她，每次有病，配点药吃吃，就过去了。1978 年 3 月 1 日，白天妈妈坐在窗边时间久了，因天气变化受了一点凉，晚上就发起哮喘来。这次病持续了五六天，我们几乎日夜守护在她身边，但都还以为是"老毛病"；可是妈妈自己感觉到了最后的日子正在临近，她说："你拿我怎么办呢？"7 日的夜晚是一个宁静的夜晚，妈妈安详地入睡。8 日凌晨二时我们再看妈妈，妈妈的头落在枕上，枕上没有任何皱褶；妈妈的眼闭着，嘴角露出微微的笑意。妈妈已经在安详的睡梦中走完人生道路。

　　妈妈去得如此安详，叫我感到安慰；可是想到她最后还是这样牵挂着我，为我担心，我禁不住大哭起来。妈妈走好！

七

妈妈离开我们之后，生活渐渐有了起色。生活好了，便有更多的机缘触发我们对妈妈的怀念。尤其是我们同爸爸取得了联系，见了面；我们认识了继母美琦妈妈，同她相处；之后又是爸爸的去世；哪一刻都不能不使我想念到妈妈。人们不认识她，我常为此感到愤愤。甚至都没有人说妈妈是一个成功男人背后的女人，是红花边上作衬托的绿叶，妈妈似乎已被逝去的岁月所淹没。妈妈只在我们儿女心里生动地活着。

妈妈离开我们之后，又有一些机会，使我对妈妈的事又多知道了一些。

有一次，我在小阿姨家里。小阿姨八十二岁了，头脑还清楚得很，她同我、瑞祺表妹一起谈天，谈着谈着谈到了妈妈和外婆。小阿姨说：你们的外婆思想是很新的。她自己虽然是家庭妇女，却也参加当时妇女会的活动；对女孩子，她主张要读书，说如果嫁个好丈夫没什么，万一嫁不到好丈夫，读了书就可以自己去谋事，可以自立。为此，当年你妈妈考师范，就是现在的新苏师范，当年叫苏女师的，你舅舅很反对，你外婆却是支持的。考过了，能不能录取呢，你外婆很不放心，她切望着学校能录取她的女儿。你们的外婆竟自己跑到学校去找校长、找老师，诉说家里的困难和对女儿读书的希望。老师说："老阿姨，你不要急，你女儿叫什么名字，让我们先查一查她的分数。"查过花名册后，老师们又说："第一名！你女儿考了第一！你还急什么呢？学校一定录取她的。"小阿姨讲着故事，看得出来，她为自己的妈妈和姐姐感到骄傲，我心想，原来妈妈是这样的优秀，我也为她骄傲！

第二件事是我们发现了一些妈妈在 1940-1945 年间给爸爸的信。这段日子，爸爸在内地，先后在昆明、成都等地服务于西南联大、齐鲁大学、华西大学、四川大学。当时后方物质匮乏，没有足够的纸张，他利用妈妈给他的信纸背面做了许多读书摘要。在他去世后，继母发现这些书稿背面有当年的家信，就将这些爸爸的手稿交二哥整理，于是我们看到了这些信。读这些信，我不禁长吁短叹。信里写到我的出生、断乳、牙牙学语和蹒跚学步，还有我婴幼儿时期的体弱多病，令妈妈有了多少不眠之夜啊！信里可以看见抗战时期的物价飞涨，而汇款还常常不能如期到达。没有钱，妈妈要愁生活不能应付；有了钱，妈妈也要愁，愁如何尽快地把钱换回日用的东西。妈妈就是在这种生活的煎迫中带着我们这五个年幼的孩子过日子的。不论生活多么艰难，妈妈对我们兄妹的爱始终热烈而诚挚，信里随处可见她用"智慧特开""颇着人爱""体魄雄伟""健康活泼""实在太乖"之类的语言来形容我们兄妹的聪明、懂事和可爱。妈妈又常常向爸爸报告她如何用有限的钱，千方百计让我们兄妹吃饱、吃好、吃得有营养，身体长得健康。信里还有一句"十一双棉鞋，在两星期里做完"，显得颇为轻描淡写，似乎这只是小事一桩，其实，当时妈妈老是"忙至无片刻暇"。只因她的坚毅、她的勇敢，才使她能面对艰难的人生。"烽火连三月，家书抵万金"，这些信，在当时，是多么可贵；在今天，更是可贵，又何止"抵万金"呢？

读着这些信，我常常想如果能回到过去，重新在妈妈身边生活，有多么好啊！我又想起儿时的一件小事。那时我还在实验小学读书，

母亲

妈妈已经半身不遂，大哥和我在家同妈妈生活在一起。有一天，忽然下大雨，家长们纷纷到学校送雨伞。家长们把雨伞送到学校，自己却被淋湿了。当时，我很感动。回家后吃晚饭的时候，就说："这些家长真伟大！"大哥听了，对我瞪了一眼说："你是不是以为妈妈没有给你送伞就不够伟大？"此刻想起来，我才知道，聪明、能干、勤劳、谦逊、正直、热情、坚强勇敢、乐于助人、大公无私，等等形容词，都不足以来说明我们的妈妈，妈妈真"伟大"！大哥对妈妈的"伟大"是早有感受的，而我直到现在才有知，我太不懂事了！

八

妈妈的一百诞辰就在今年。不久前，我读了董竹君女士所写的《我的一个世纪》，这本书记录了竹君女士将近一个世纪的生活，她的苦难和她的奋斗，她的事业和她的情感，而通过她的故事我们还可以了解除此之外更多更多的事。她的经历和情感特别令我产生共鸣。竹君女士和妈妈是同龄的，都是在二十世纪开始的时候就开始了她们的人生，所不同的是竹君女士生活了几乎一个世纪，而妈妈却过早地离开了我们。她的经历已不可能由自己来写，而我们做儿女的、孙儿女的是可以写的。我写着，重新体验着妈妈对我们的关爱，我在字里行间寄托对妈妈的思念，我依稀希望：这或者也可稍许弥补我一向的过失，对我深深愧疚的心，也可是一个安慰吧？

新世纪来了。家里已经添了许多新人。妈妈，你的十个孙辈都已完婚，你有了八个重孙（女），现在说"我们"，不只是指你的儿女、你的媳妇和女婿，你的孙儿女、孙媳妇和孙女婿，还有这八个第四代呀！妈妈，我们想念你！我们知道，什么时候你都还在我们的身后注视着我们，支持着我们。

妈妈永远在我们心中。

愿妈妈安息！

妈妈在耦园（一）：1940—1945

钱辉

从北平马大人胡同迁出，妈妈带着祖母和孩子们迁回苏州。家就安在耦园。更具体说，是耦园东花园的城曲草堂那一落房子里。

耦园，一个废园也，"不出租金，代治荒芜即可"，"园地绝大，三面环水，大门外唯一条路通市区，人迹往来绝少。园中楼屋甚伟，一屋题补读旧书楼。楼窗面对池林之胜，幽静怡神，几可驾宜良上下寺数倍有余"。这是爸爸对耦园的描述。

1939 年暑假，爸爸携《国史大纲》书稿去香港商务印书馆付印。乘便赴上海，归苏州探望祖母。请假一年获准，于是这一年爸爸在耦园完成了《史记地名考》，同时学习了英文，通读了西洋通史。

1940 年 9 月 26 日，爸爸假期已满终于离开，返回昆明西南联大。苏州家中，上有祖母，下有我的哥哥姐姐四个孩子拙、行、逊、易。妈妈即将临产，爸爸走后半月，10 月 11 日，第五个孩子降生，这就是我，爸爸给取名晦。当时大哥十岁，大哥以下是二哥九岁，三哥八岁，姐姐五岁，刚开始生命的我，按照苏州的算法是一岁。堂姐勔华因在苏读书的原因也住在我家。大阿姨在仓街有老家，离耦园很近，两边住住。小阿姨尚未婚嫁，白塔子巷外公外婆需要照顾，她就住在娘家，在必要的时候也来耦园住宿。两个阿姨多少可以帮助妈妈照顾一下孩子。家中也请了工人料理家务。所以，实际在一个锅里用饭的人，总数超过十个，真是好大一个家！

爸爸不在家的日子，妈妈是怎样安排照应一家生活的，我们是怎样在妈妈身边长大的？一个四十岁的女人，养育一群孩子！常常听到一些朋友露出探究的神情在我面前这样赞叹。对于这个问题的答案，我始终是很模糊的，原因是根本不知道，只能做一些抽象的猜测；幼时留下少数片段模糊的记忆，再怎么苦苦思索，也不能拼凑成完整的图像。直到自己老了，才渐渐有了答案。最近，把 1940 至 1945 年间一些妈妈写给爸爸的家信重新翻阅整理，这个答案才清晰起来。

物价飞涨，为生活煎迫

生活，过日子，过去人们常常用柴、米、油、盐、酱、醋、茶七个字来概括。自 1940 年 10 月起，至 1945 年 1 月，抗日战争之中，沦陷区里的苏州物价飞涨，人们为生活所迫，住在耦园的妈妈也不能幸免。

我们来看看物价的脚步：

柴　1941 年 1 月　80 元 800 斤（即 10 元 1 担）；1943 年 8 月　50 元一担。

米　1940 年 10 月　60 元一担；到了 1944 年，5 月、6 月、7 月，米价来一个三级跳，从 3300 元到 6000 元再到 7000 元一担。

油　1941 年 1 月　10 元 11.5 斤，仅过十个月至 1941 年 11 月，油价便上升至 220 元一担了。到 1943 年 8 月则"每天伙食中须用油 12 元（4 两）"（亦即 48 元一斤）。

猪肉　1940 年 10 月 1 元可买 10 两（16 两一斤）；1941 年 10 月，2 元买 7 两半；1942 年 2 月"猪肉偶有，一斤 6 元 8 元不等"；1943 年 7 月，40 元一斤。

蔬菜　1940 年爸爸刚刚离家的时候，家里"大众吃的菜"1.5 元一天；1941 年 4 月，则"菜金 10 元一天不够"。1944 年 8 月西红柿需 16 元一斤；到了秋末冬初，青菜萝卜 80 元一斤，山芋 25 元一斤，吃素菜一天要 200 元到 300 元。

开水　爸爸离家之前 2 分钱可以到老虎灶灌 5 瓶水，八个月以后 1941 年 5 月一热水瓶开水就要 5 分钱，1944 年 8 月同样一瓶开水就需 2 角了。

　……

无需一一列举了，就凭这些数字，我们都可以做出合理想象了。妈妈告诉爸爸说，当时的物价"过十五分钟就会变花样"，所以对生活费用根本没有办法来预算安排。妈妈在 1941 年 1 月曾经做过一次家庭财务预算，当时预算的月生活费是 300 元；可是不久，妈妈告诉爸爸说"你离家仅八个月，已花 7000 余，每月开支总得 400 元"。再过半年，1942 年 2 月，"一家开支千元一月"。1943 年 7 月"一家开支三千一月"。1943 年 3 月（或者是 1942 年年底），妈妈"谋得一私立小学之职，半年来零用各费，可量入为出……心境可稍安"。至 1944 年底，全家"不吃闲食，月化 6 万尚不够，""为生活煎迫，终日无安定，举债 15 万以上"。

敬老爱幼，勤劳持家

毕竟生活并不只是柴米油盐，妈妈有老人要照顾，有五个绕膝儿女要抚育。在大众吃的菜一元五角一天的日子，她用一元钱单独买肉做了给祖母，或者买酱鸭、点心之类，保证老人的营养。"每天为母亲

耦园"山水间"水榭

买一元钱食物，酱鸭酱肉水果点心之类，爱吃的随便吃吃。今天早晨吃团子一个，粥半碗，皮蛋做菜，中午两碗半粥，酱鸭酱肉佐膳，下午四时，吃面衣豆浆，夜里菜粥两碗。鱼肝油每天吃两次，还吃些红枣和猪油。"1940和1941两年间，祖母病、祖母亡、祖母的丧葬，是家里最大的事；之后还有同样的大事，即外祖父母的病和殁。

家里另一同样重要的事，就是我们，孩子们。妈妈关注着操持着我们的饮食、体况、智力发展、学业情况，我们在妈妈呵护下健康成长。妈妈常常告诉远在昆明的爸爸："诸儿体况颇健，堪以告慰"，常常带着我们去照相，然后寄给爸爸；同时让几个已经是小学生的孩子给爸爸写信。放了寒假，孩子们把作文本拆开，一页一页把作文寄去给爸爸，请爸爸指导。妈妈常常对爸爸一个个讲述这些孩子，如数家珍："拙儿太懂事了"，"比较的肯用功"，"常以家长自名，先生谓父兄是家长，父亲不在家，他长兄自为家长，诸弟妹亦颇顺服"。"行长得高，不认识者见之，均呼之为大哥，盖以其气派雄伟，只稍瘦"。"逊儿仍瘦小，样子比较漂亮些"。"易儿胖胖的"。"晦儿病后，智慧特开"……大哥在1942年1月给爸爸的信报告说"小妹生病，今天已好，共计五天，我在写信她在床上说爹爹欢喜我，横抱三年，竖抱三年，抱到六岁才不抱"。这个横抱竖抱的话，像儿歌，后来我也学会了。妈妈1943年5月10日的信上说"晦儿也会拿起墨笔，画几个圈，说是寄给爸爸的信，叫爸爸回来，横抱三年，竖抱三年"……写到这里，我的眼睛不禁湿润了，1936年12月出生的姐姐，爸爸究竟抱了多少日子呢！这横抱三年、竖抱三年其实只是一个愿望，是妈妈的愿望、姐姐的愿望，我们兄妹们的愿望，可是，爸爸在北平的时候、在耦园这一年里，肯定真的抱过这个难得的女儿的。在姐姐唱着念着"横抱竖抱"的时候，她应该还记得那温暖的怀抱。而我们在这样说着唱着的时候，妈妈又有怎样的一种心情呢！

妈妈"天天盘算着如何可以省些，如何可以使小孩吃得快乐些"，如何让孩子们有合身的衣裤和舒适的鞋和袜。当年妈妈常犯疟疾，又有哮喘，在发疟疾的时候，小女儿八个月零一天早产。妈妈住院十天就出院了，因为这一次住院就花了180元之多，"生病实在生不起"。妈妈产后体弱，出汗，唇白，腿软，却毫不犹豫抖擞精神挑起一家老小的生活。

妈妈有很多既增加营养又节约费用的好办法，比如，吃饭之外吃些面食；比如鸡蛋不做白煮蛋，而是做菜吃，炒蛋、蛋汤之类；又比如多吃南瓜、山芋、西红柿之类，比较的有营养。利用耦园有山水有土地的条件，自己养一些鸡鸭、种种蔬菜、豆角、南瓜……这些习惯，至今还留在我们的生活之中。妈妈更常做的是克扣自己，辛苦自己，"昨天一鸿替我剪了一件棉袍面，价 8.2 元，做起来须里子 4 元，棉花 1 元，缝工 4 元，一件衣服做成要 17 元，我不想做了。"（1940年 10 月）又比如"小女孩种痘发热已九天，明后天可好了，易出痧子已第六天，再有三四大当可出齐，行昨今发热，大致也将出痧子，我有五六夜不上床了（小孩出痧子，我很有经验似的，不慌不忙，听其自然，只请了一次医生，夜间恐着冷，所以不敢睡。一切希勿念！）"（1941 年 4 月）；"最近飞先患痧，继之行汹易，延长至两星期，我三夜不得睡，明日可上学"（1943 年 10 月）；"十一双棉鞋，两星期里做完，棉裤棉袄也渐渐的做起来了"（1942 年 12 月）……就这样，幼年留下的记忆只快乐二字可概括，如今更加知道是妈妈给我创造了快乐！

仁爱敦厚 心存感恩

妈妈有一颗仁爱之心，感恩之心。对家人关怀备至，对亲戚朋友也一样。凡家里有亲戚，遇病痛或红白事，妈妈必有关照，有周到的礼数。在 2 元钱只能买 7 两半猪肉的日子，她可以用 6 元钱请来客午餐。在艰苦岁月中，虽然妈妈"仿佛生活在孤岛上，极少得到助力"，然而对于帮助过她的人或者需要她帮助的人，她总是怀着仁厚之心，要过年了，她让孩子给老师送米；为感谢医生，给医生送个药箱；当朋友来访，说起生活的艰难，她就让朋友带走一块衣料或者一只猪蹄一斤菜油、几块肥皂之类……妈妈所送的"礼物"，都是实用之物、稀缺之物，妈妈这样做，丝毫没有虚情假意，也并不只是什么礼尚往来，我看到这里有贴心的温暖，有共度艰难的诚意。

在这几年里，最最经常的话题，除了祖母、孩子，那就是搬家了。耦园换了主人，要租户迁出；也还有举家西迁合家团聚的讨论。西迁之讨论，一年延续一年，久久不能有结论，因为这完全不能由自己做主，时局变化是一个最大的指挥棍。若全家迁去后方，"经济损失太大"，路上会有多少困难，孩子们太小，"无妥伴不敢冒险"。直到1944年6月，都议论到了走的路线，一从宜兴出发，一从杭州出发，但最终还是没有成行。因为，爸爸曾说过两年以后时局会有变化，妈妈坚信着，忍耐着，盼望着。妈妈说："如再过一两年能得我们见面者，我愿忍一切痛苦，以待来日也"。"愿上帝给我们开路，放出曙光，劈开光明大道，任我们行走，那是快乐幸福的时候，愿你旅外永远康健"！

耦园换了主人，新园主是刘国钧（1949年新中国成立之后曾经是江苏省副省长，民族资本家，经营纱厂、棉布厂，引进灯芯绒织造技术第一人）。一开始要让我家迁出，要所有租户迁出。租户们陆续的搬了，1942年12月中新房东的管家来说"年内要迁空"，其态度"仿佛办差似的"。妈妈其实已经看过好几处房子，有两处是上海人所有的，也有苏州房东的，有一处在花驳岸，1942年暑假去看，要价月租40元，当时没有决定，到了年底要百元了。就这样地段、大小、价格多方衡量，始终没有合适的，也就没有结论。之后，1943年3月我们还是搬了，不过没有搬出耦园，而是搬到西花园去了。"新居系小楼四檐，楼底三间，前面天井一方，后面小天井一条，即灶位柴房各一间，仍是独居，空气阳光，只能与普通住房相较，远非东花园可比。"到了西花园，"起先几天六官不肯住，睡觉醒来就要叫母亲抱她到旧家里去"，"好在花园尚非禁地，可自由走走"。

为什么所有房客都迁出耦园而我们家还留着呢？1943 年 6 月的一封信里似乎有答案。这是一段介绍房东刘国钧的文字："刘先生系精明商人，而其道德性格，使人钦敬。彼系苦出身，身为学徒，妻在家以手工酬劳侍奉其母，及稍裕，事母恪守孝道。母死后，由小康而至巨富，乃妻亦贤淑，事姑事夫，无微不至。刘先生感其贤淑，待妻系亲属多加照顾，照顾方法，提拔人才，小辈不论男女，均由乡间领出，分送学校，家中请先生补课，飞和我做了他们的家庭教师，他本人绝无嗜好，治家颇严，饮食起居，均有定律，上下平等，在家已久不闻老爷太太之称。与他有关系者，他总放人，常以钱赠人，我于此常觉他施舍似的，受之不免难堪，因之他们加惠于我，我总设法回敬他，现在我们所沾他光处，房金一项，我们所住房，照市价一二千一月不为多，现出二百元一月，这并不是我们独享，是和他们的两位经理先生同例。……"这中间只有一句写到妈妈自己，"做了他们的家庭教师"，当时刘家有"内侄姨甥三人"，放学后是跟从妈妈和大阿姨读书的。房东和我家相处，也有说明："房东刘师母，此次来苏颇久，与我很相得，我以此自慰矣"。在刘先生主动提出之后，爸爸还通过他的工厂来汇款给家里，1945 年 1 月，在生活煎迫之中，在举债 15 万以上的时候，妈妈给爸爸信，请他与刘先生所在工厂经理又一次联系划款的事项，并对爸爸说"你再致信刘父（即刘先生），告以刘师母在前月十一忽患寒热，经检验结果，系伤寒，延中西医并诊，得在二十八天上退热，现正在调养中，病中颇念刘父子媳女，希来信慰她病后枯寂"。

　　妈妈的仁爱敦厚，谁能不为之感动呢！

　　抗战胜利后，西南联大旧同事仅二人留昆明，其中之一就是爸爸。当时，北大将于北平复校，傅斯年暂代校长，函邀北大旧同事同赴北平，却并未邀请爸爸；又因时局动荡，爸爸决定不赴京津平沪四处各校，而要选择偏远地，以便闭门埋首温其素习。1946 年，爸爸曾往常熟作演讲，那一次，应该是回了耦园合家团聚过吧。秋天，爸爸又往昆明五华书院，并兼云南大学课务。当时受胃病之苦，正好荣德生创办江南大学，1948 年春转赴无锡江南大学任教。幸哉大哥！大哥进入江南大学读书，有短暂机会与爸爸在一个学校生活，有得到爸爸亲自指导的机会。

　　妈妈为了家庭，为了儿女，还在独自奋斗中。

2015.3.9

妈妈在耦园（二）：1945—1950

钱辉

上一篇，大都根据妈妈在这一时期给爸爸的信；这一篇就只能根据我的片段记忆，或者我的感觉、分析来写了。

又一个五年。我长大一点了。1945 年，我六岁，秋天上了小学一年级，妈妈当时四十五岁。等这段时间结束的时候，我已经是小学六年级学生，对许多事都可以有正确的认识和清晰的记忆了。

搬回东花园

1945 年 8 月 15 日，日本宣布无条件投降，抗日战争胜利了！如前所述，西南联大迁回北平，爸爸没有得到邀请，也没有希望到平津京沪大地方去。1946 年他曾经到常熟做演讲，然后秋天，又回到昆明，去五华书院工作。

记忆中没有爸爸住在西花园的事，只有东花园，他的书房兼会客室在那一带最西头一间，孩子们走过，都轻手轻脚，生怕打扰了爸爸。这么说，是抗战一胜利，我们就搬回东花园城曲草堂了。应该是 1945 年秋天吧。

搬家的原因，现在想来大概有三条。第一条是怕被军队号房子。抗战一胜利，日本投降，国民党要接收敌产，占领地盘，大官小兵蜂拥而至。外边风吹草动，家里立即有了反应。东花园自从我们迁出之后，经过了一番修缮，就始终空着。这么多空房子，若被军队看中，一定是"占你没商量"。所以，连夜就让我们搬迁，占满城曲草堂。记得大人们、兄长们都忙着，我也搬了一个小凳子，从西搬到东。依稀记得凳子有个抽屉，里边装着我的玩具（究竟是什么玩具，已经想不起来了）。记得我还在走廊转弯的地方休息了好久，看大人们忙碌。第二条，为了保密。我们搬到东花园后，西花园就可以由房东家独居，比较可以保持私密。大约 1948 年，房东家在大厅（载酒堂）里，摆放若干织机，有工人若干在那里做工，说是办厂。房东家住的大楼，在外边天井里看是两层大楼，又高又大，一个尖顶，走进屋子里边看二层的顶却是平的，是由望砖平铺的。细细想，能够想到这平铺顶和尖顶之间是有个很大的空间的，但一般人并不注意这些。其实望砖平顶众多椽子中有三根是活动的，可以移动这三根椽子，进入房顶夹层。大厅里的工人其实是一些从苏北来苏州的地下工作者，而这房顶夹层里，可以住人，还安置了印刷机之类的东西。大楼的底层，还有两间密室，其中有一间是在楼梯底下。这些情况除了房东家人就没有谁知道了。直到 1998 年，当年住在耦园的小朋友已经快步入老年的时候，

母亲七十年代初在苏州
王洗马巷 26 号

回到耦园相聚，才听房东刘先生的外甥叶铭祺一一介绍，并现场参观才得以了解。第三，为我家改善住房条件。相处久了，我家几个孩子也都长大了，房东有这样的想法也未可知。

这一次搬家是很匆忙的，是没有预兆的，说搬就搬。看来，怕军队来号房子，还是最重要的原因。这一次 1945 年秋大搬回东花园以后，住了十年没动，直到 1956 年春天，搬去王洗马巷 26 号。

宠我

小时候，总觉得妈妈很是宠我，她是不也宠着可可姐姐呢，我没有想过，只是总感到妈妈是宠爱我的。记忆中妈妈没有打骂，甚至没有批评过我，唯一的一次，也只是说：不可以的，不可以这样做的。但是我却做过许多出格的事。

吃南瓜，南瓜面疙瘩一起煮或者南瓜瘤指团一起煮。这是节约粮食增加营养的吃法，家里经常这样做的。有一次，姐姐说她不能吃南瓜，吃了容易发疟疾，我正好喜欢南瓜，就把自己碗里的面疙瘩挑到姐姐碗里，把姐姐碗里的南瓜挖过来。小舅妈看见了（当时她在我家帮忙），就批评姐姐，说做姐姐的不懂事，欺负妹妹。我觉得小舅妈冤枉了姐姐，大概算是帮姐姐讨公道，顿时发起小姐脾气来，一边把饭碗摔到地上一边嚎啕大哭。碗碎了，白的黄的一地狼藉。妈妈回来了，正在这最热闹的时候回来了。妈妈一看，放下手中的东西，拉住我的手，连连说"好了，好了"，不知是安慰小舅妈还是安慰两个女儿，反正几个"好了"一说，风波平息。这事，我记了一辈子。我小的时候，大概真不是一盏省油的灯。

抗战胜利那一年，正是我进小学读书。全国人民都在欢庆胜利，老师同学，恐怕主要是老师吧，认为我的名字"晦"，太不合时宜了。于是我就回家要求改名字。我让妈妈帮我查出字典上与晦同音的字，并给我说说这些字的意思，然后自己选了一个"辉"字。就这样改名了。妈妈没有阻拦我。

我读二年级的时候，姐姐也进中学了，再没有人带我一起上学了。妈妈在北街小学当校长，就把我带在身边，我也就去北街小学读书了。在学校里，我考试成绩好了，有同学就会说这是因为妈妈当校长，老师偏心的；如果我表现不好，老师又会说到妈妈，说我坏了妈妈的声誉。反正，日子长了，我渐渐长大了，让我觉得很不好。三年级的时候，有了珠算课。我很爱珠算，"百子图"（从一加二开始不断叠加，加到一百，最后的和为五〇五〇）打得溜溜的，既快又准确。但是许多同学不喜欢珠算老师，都说要故意考试不及格，让别的老师说这个老师不会教课。我"从众"了。考试的时候，我故意不做或者做错好几题，不及格，再补考，得一个 60 分。这样的鬼点子，大人们并不知道。

不久后，1949 年春天，解放军进了苏州城，随之而来的有许多干部，许多家庭，许多孩子。为此实验小学（二院，在草桥）准备招收插班生，多开一个五年级班。我去参加考试，并被录取了。从耦园家里到实小上学，步行需半小时到四十分钟，没有同伴更没有妈妈或老师同路，我虚十岁，毅然去了。从北街转到实小，妈妈也毅然支持，没有阻拦我。

1948 年，耦园里来了新房客。蒋慧娟带着她的儿子胡大中从南京来了。蒋慧娟曾经是妈妈的同学，胡大中与我年龄相仿。当时耦园与我常在一起玩的，还有竹竹、芳芳、王育川，现在增加了胡大中。春天我们一起在菜园里挖了几株桃树、梅树苗，移栽到假山边。过了几天发现少了几株，原来是胡大中把小苗移到他自己家的小天井里去了。并且因为移了再移，小苗受伤了，都蔫了。怎么可以把大家的东西占为己有？我们觉得很气愤。结果就在走廊的矮墙上涂满了"某某移走小树苗""某某要赔小桃树100棵"之类攻击大中的话。蒋阿姨看见了，很凶的批评自己的孩子；妈妈看见了，对我们说："不可以的，不可以这样做的！"

后来，我们这几个人总在一处玩，儿时的友谊延续到今天。

"不可以的"，这几个字，似乎是妈妈对我最为严厉的批评了。

眼睛

妈妈确实无需对我批评、呵斥，因为妈妈有一双厉害的眼睛，只要看一眼，她全都明白；只要看一眼，又什么都表达了。

妈妈的眼睛能把什么都看穿。我做的、我想的，妈妈一看就都会知道。

1950年的妇女节，上午大约第二节课，我忽然被老师叫出教室，说是有电话。电话挂在教师办公室的墙上，我须站在一把椅子上才能够接电话。这是我平生第一次接电话，刚从教室里同学们的注目之下像逃一样出来，又到了办公室在空课老师的注视下站在椅子上听电话，我的紧张真是不能形容，脸涨得通红，心跳得咚咚响。电话是妈妈来的，说今天有一个三八妇女节的庆祝会，要我在学校门口，等妈妈随队伍走过的时候，也一起跟着去参加庆祝会。

那时候，我在苏州市实验小学二院读小学五年级，每天中午在学校吃饭（学校一般不供应学生的午餐，只有包括我在内的两三个学生同老师们一起吃饭）。那一天，生怕妈妈所在的队伍在我不经意的时刻从学校门口走过了，我连吃饭都没有心思，下了课就匆匆到了校门口。我左等右等没有等来妈妈。下午学校放了假，同学们都回家了。老师们大概也在准备过妇女节。没有人注意到我。只有我自己暗暗心焦，不明白是怎么回事。我是那么执着地等着，一直到了薄暮时分，路灯快要亮的时候，在鼓声、锣声中，在红旗、彩旗下，大队人马到了校门口。妈妈来了。

晚会在附近的一所中学里举行。晚会开始不久，我就发起高烧来。妈妈不得不带着我早退，叫了一辆人力车赶回家去。

妈妈看着我，摸着我的额头，说："下午在外边吹了一下午的风吧？"妈妈又说："恐怕你是两顿没有吃饭饿的。"于是，当晚妈妈做了姜糖汤，又做了粥。我心里明白，因为我的紧张，妈妈电话里说的事情我没有记清楚，把时间搞错了。我很责怪我的无能。可是，我没有对妈妈说，我感觉着妈妈手掌的温暖，听妈妈这么说，心想"妈妈怎么都知道呢？"接下来的两天，吃粥的时候，有鸡蛋或皮蛋当粥菜。没有请医生，没有吃药，我的病就痊愈了。

还有一件事，发生在这一年的秋天。校庆，学校布置了一个展览会。妈妈到学校来参加校庆活动，后来就拉着我的手一起去看展览会。有一个展室里布置着学生的手工制作，纸工、木工、竹工作品，刺绣和编织作品。那里有我的三四顶小绒线帽。我自小对编织有兴趣，因为常常在被窝里看到妈妈在灯下织毛衣。一两个晚上，妈妈就可以织成一件空花的背心，我穿着，很漂亮。于是，我用家里的旧毛线学编织。从织平针开始，一上一下，两上两下，桂花针，空花针，等等，学了许多花样。这次拿到学校展出的小帽子，有三顶是我自己织的，可是有一顶却是家里的，可能还是妈妈以前给姐姐或我织的。这顶小帽是红色细绒线的，以平针做底，上边缀着一粒粒小球像樱桃。我一直喜欢这种花样，只是还没有向妈妈学。这次竟把家里这顶现成的小帽也夹带上了。走到展台前，妈妈看了一眼，回过头来又看我一眼。妈妈什么都看清了。我也什么都明白了。妈妈的眼睛就是亮。以后我永远地记住了这件事，也再没有做过这样荒唐的事，永远地做一个诚实的人。

大哥病了

城曲草堂北边屏风后有楼梯，通向二楼。楼梯口一间，西边一间，东边一间，这东边的一间就是名叫补读旧书楼的。记得在我七八岁或者十来岁的时候，也就是 1947、1948、1949 年前后，妈妈睡在西边一间，二哥的床在楼梯口那一间，大哥睡在东边补读旧书楼。我跟着妈妈睡。楼下城曲草堂西边一间，也是我家用作卧室的（爸爸的书房还在西边一点）。

大哥在江南大学读书，指挥合唱团唱进步歌曲，参加学生运动。后来他得了肺病，学校也要开除他，他就回家来了。这大概是 1948 年的事。

母亲的眼睛，慈祥而坚定

一个夏天的夜里，刮风，我被什么惊醒。听人声都在大哥房里，睡眼惺忪的我也去了。妈妈已经在大哥床边张罗，痰盂已经拿到床边，大哥抬起腰侧过身，还在吐血。地上许多白纸散落，雪白的纸、鲜红的血，很是触目惊心。窗外还在刮风，桌上的白纸还在飘落，窗户咯咯作响。妈妈叫姐姐和我去请医生。

医生家不远，姐姐独自去了。我在大门口守着门，守着一盏照亮的煤油灯。我被吓得瑟瑟发抖。不知是因为夜的黑、呼呼的风、摇曳的树枝和黑影，还是那鲜红的血，或者兼而有之。年幼的我感到正在经历一场"灾难"！

大哥病了。多么无助！多么叫人害怕！

医生来了。大哥房间里已经收拾过了，已经看不见满地的血迹和被鲜血染红的纸，窗户也关了。已经不再那么恐怖，而是透出一丝安详的感觉。

大哥病后，妈妈照例把大哥作为重点保护的对象。过去，祖母生病，妈妈要重点关注祖母的营养；祖母走了，妈妈关注我的健康成长，把每天一元的特殊待遇给了我。现在，妈妈照顾大哥，并没有什么特殊的做法，只是为了止咳润肺让大哥多吃梨而已。记得大哥每吃一个梨，就在门背后用粉笔画上一道，吃了五个就画成了一个"正"字，一个秋冬，几乎把木门画满了。

妈妈叫我多吃白萝卜红萝卜，说也是润肺的。这样我从小就养成了爱吃生萝卜的习惯。

大哥病后，在家休养，养了一大群鸡，参加一些劳动，既有益于健康的恢复，又有一些收入，可以贴补家用。大哥成为妈妈的帮手，还担负起照顾弟弟妹妹的责任，其实，当时哥哥、姐姐都已经大了，需要照顾指导的就是我这个小妹妹，连同常在一起玩的小伙伴们。病好了以后，他就在苏州找了工作，当了中学教师。

妈妈病了

妈妈病，比大哥生病更加可怖。

那是 1951 年元旦后不久。在镇压反革命运动中，妈妈所在北街中心小学有个叫俞盛钧的年轻教师被逮捕了，他是沈倬民舅舅的外甥，经沈舅舅推荐而来北街小学当教师，并寄住在我家。另外胡大中的妈妈蒋慧娟当时也在北街中心，因为曾经在三青团任职而"畏罪自杀"（未遂）。当时妈妈是校长，在运动中三四十个教师中波及到的两个都与她有关。于是，妈妈毅然辞去校长之职，奉命调往大儒中心小学做教员。

　　不知为什么，那段时间我的床搭在大哥的房间里。大约是因为大哥希望妈妈得到好的休息吧。一天夜里，我醒来的时候外边就有很嘈杂的人声了。妈妈床前围了好多人。耦园里的二王先生（住在桂花厅北边的）往妈妈鼻子下边抹了什么药，大家都在等妈妈打喷嚏。喷嚏打出来，二王先生就说"好了，好了"，大大松了一口气。大家也跟着松了一口气。

　　原来，以中医的诊疗手法，患者如果能够打喷嚏，说明呼吸系统也没有问题，那么脑溢血就没有伤害到要害的器官。这是很久以后我才弄明白的。不过当时，只是莫名其妙地跟着松了一口气。妈妈病得很严重，半身不遂，右手右脚失去了功能，恢复得很慢，虽然保住了命。

　　那天夜里，妈妈得病时，起初还能够出声呼唤，之后舌头大了，

中风后

吐字不清了。右手不能动弹了，床头的灯也不能开了。大哥听到响声，但因为门被反插上了，不能进入妈妈的房间。后来到窗外，沿着屋顶摸过去，找到一扇里边没有扣住的窗户，才从窗户进入屋子的。

妈妈病了！我还在实验小学六年级读书。二哥当时在派出所工作。三哥去北京读书了。姐姐从师范里出去到了文工团。

一切起了天翻地覆的变化。养病在家的大哥一下子担当起责任，照顾妈妈，照顾我。

2015.3.14

妈妈在耦园（三）：1951—1956

钱辉

说不出什么原因中断了这个题目，两年忽忽过去，今又急切念着妈妈，妈妈的生日又快到了。妈妈在耦园的日子，又活跃在我脑海。

从"老板娘"到"妈妈"

妈妈病，在 1951 年元旦之后没几天。妈妈中风，虽然没有生命危险，却有严重的后遗症——半身不遂。妈妈的右手和右脚都不能动了！

最初，妈妈只能卧床休息。当时妈妈只有五十一岁，她怎能容忍自己不听话的躯体！躺了几个月之后，妈妈终于起床了，下楼了，右手虽然僵僵地耷拉在身边，右腿却渐渐长了力气，撑了拐棍，也可以学习走路了。这大概是 1951 年下半年到 1952 年春夏之间。

轰轰烈烈的抗美援朝开始了，发展了，全国人民都关注着前线，努力生产，捐献飞机大炮；魏巍一篇《谁是最可爱的人》，引起全国上下的关注。1951 年秋冬在朝受伤的志愿军战士，一批批回国休养安置，苏州也接纳了许多，办了荣誉军人学校、荣誉军人康复医院。仓街一带，有若干处民房都腾出空屋，供志愿军伤病员住宿。耦园也是一处。大厅载酒堂，东花园安乐国都住了人。最可爱的人！大都还只是小青年，十八九岁，二十来岁，伤脚的很多，有的是冻坏的，有的是被打伤的。

志愿军伤病员入住耦园，他们想要缝被子，请妈妈帮忙。就说

"老板娘，老板娘"。后来才知道，队伍里老战士大都来自山东、苏北，在老区，他们称呼老乡家妇女为"大娘"，现在到了城里，觉得称"老板娘"才显得尊重。"老板娘"的称呼怪怪的，妈妈又有不能动弹的右手，尽管如此，妈妈欣然接受，叫上我，由她指挥，教我完成平生第一次的功课，缝了被子。从小娇滴滴的我，竟能够缝被子，连我自己都大吃一惊！

缝被子，补衣衫，做袜底，做背包带，等等生活杂事，妈妈有求必应。在妈妈指挥下，我学会了许多本领。有我不能胜任的，妈妈常常请蒋慧娟阿姨参与来做。也是在这个时期，我在将阿姨那里学会了使用缝纫机。

在这样的来往中，战士们知道妈妈并不喜欢老板娘这个称呼。他们开始改口叫"张老师"。荣校一方面关心战士们伤病的治疗和康复，一方面关心他们文化学习。有条件的战士，被收进工农速成中学读书（没有条件的，康复以后就退伍回家了）。妈妈鼓励这些青年学文化，成天为他们辅导，学语文从识字开始，学数学从四则计算开始。有几个拄双拐的青年，见妈妈半身不遂，努力学步，也积极锻炼，一段时间以后，双拐改成单拐，再过一段时间，单拐也丢了。有个叫吴和生的，从四则运算学起，之后考进工农速中，再之后进入南京农业大学，大学毕业了，去坦桑尼亚工作。十多年后，"文革"之中，妈妈被社会冷眼相对的时候，他还是到王洗马巷看望"妈妈"。这声妈妈，如此温暖人心；这声妈妈，就是他在荣校喊出来的。战士们对妈妈的称呼，从老板娘到张老师，到妈妈的转变。至今想来，我还不能不动容。

妈妈确实用爱子之心对待这些孩子。当时荣校的青年干部游昌贤、陈年连俩热恋已久，到了成婚的年龄，妈妈知道了，把自己的房间让了出来，给他们做婚房。只说自己腿脚不便，不适宜住在楼上了。从此，妈妈就住到了城曲草堂西边一间里。妈妈让出来的一间，最近我去耦园，看见茶室扩大了，这最西边的一间，也成了茶室的一部分。我就坐下来泡一壶茶，呆了两小时。回想当年。

当年还有两件事，在记忆中活着。

我还在小学里，应该是 1951 年夏天，下午大雨，家长们纷纷去学校送伞，为了孩子不被淋着，自己被淋个透。回家告诉妈妈和大哥，说"这些妈妈真伟大！"大哥反问我说："你的意思就是我们的妈妈不伟大？"

还有一次也是与大雨有关，大约是下一年的暑假里。妈妈坐在城曲草堂方桌边，我们几个小朋友也在桌边，育川、竹竹四五个人说着笑着。忽然狂风大作，雷电交鸣，豆大雨点从天而降，在狂风鼓动下，雨点打进城曲草堂，半个屋子顿时尽湿。我们在听到第一声响雷的时候，就七手八脚帮妈妈站起来转往房间里去，还是不够快，大家都淋湿做了落汤鸡。

妈妈的身体尚未恢复健康，她是最应该得到帮助的人，却以最大的努力帮助着别人。

曙光养鸡场

大哥病中，为了增加营养，为了有利康复，就养了鸡。那时候，我们几个小朋友认识了洛岛红、莱克亨这些洋鸡。洛岛红是那种全身红褐色羽毛的；而莱克亨全身雪白配上鲜红色鸡冠，美丽骄傲得像公主一般。那时候的舆论，洋鸡要比草鸡更有营养，洋鸡下蛋又大又多，

1961年母亲与钱易
在苏州

所以，养的都是些洋鸡。城曲草堂前土地广大，用篱笆把西半边围起来，就让鸡们散步嬉戏，晚上就在西边的小阁里宿夜（如今小阁修缮一新，挂匾藤香阁，游人们无论如何不能想象这里曾经是鸡舍了）。大哥试着把鸡蛋竖起来，让自己静心。小朋友们也学着竖鸡蛋。记得当时大哥竖了好多鸡蛋在桌上，拿相机拍下来，照片上显示竖着的蛋只有几个，其余八个都倒了，他就把照片命名为"横八蛋"。

后来妈妈病了，大哥出去工作了。家里还有我这个小妹妹要读书，没有一个固定的收入怎么行呢？大哥当教师了。先在乐益中学，不久到市一中。虽然当时没有名目，却的确是真正的名教师，教物理。

家里继续在养鸡。妈妈在忙着。拖着病体，照顾着这些莱克亨和洛岛红。还有照片留存。当时还小，不明事，只当养养鸡，既锻炼了身体，也增加了营养。直到最近，梅在苏州档案馆发现了一些有关档案，原来妈妈养鸡还是正儿八经的，经过登记的。1954年，曙光养鸡场。独资。显然，妈妈曾经希望能办好养鸡场，获取一定的经济收入，以便自力更生！曙光，这么一个充满希望的名字，至今鼓舞我们以妈妈为榜样，心怀曙光，努力向前！

给我无忧无虑的少女时代

在这个时期，我读完了小学，进了初中，又进了中等师范。

记得在此期间我小舅舅和姨夫先后去世，妈妈都去参与治丧，安排一切事务，并安慰未亡人。哥哥们当教师，教学要紧；我还在初中，学习重要。妈妈都没有要我们到场，只是在治丧期间佩戴黄头绳，尽了悼念之意。工作和学习比什么都重要的理念就这样种入我心，几十年不变。

除了妈妈的病最初的时候，我惊慌失措，不久就恢复了快乐和平静。我在楼梯旁的小房间里过周末，做功课写日记，在山茶树上读书，在假山和花园里玩耍。难得有时候姐姐回家，两个姐妹还跟妈妈开个玩笑，妹妹戴上姐姐的眼镜，两人一起开口叫妈妈，看妈妈是否分辨得清，谁是姐姐谁是妹妹。我们俩声音极像，都有很长的大辫子，有时候，妈妈竟真的搞错了，引得三人一起哈哈大笑！

妈妈除了养鸡，那时候学习使用左手，有很多成绩。用左手拿勺子，自己吃饭。勺子以后是筷子。用左手举菜刀，捏铲子，渐渐学会了做菜。还学习抓笔，写字。当时三哥、姐姐先后到了外地，必须靠通信来联系，妈妈用左手写的字从铜钱大小、蚕豆大小，渐渐变得正常。我在师范毕业之后也离开了苏州到农村工作，可惜当时的信件经过历次运动，搬家又搬家，竟没有一件留存。

妈妈甚至学会用一只左手来腌一缸菜；用一只左手来劈豆瓣。双脚的能力也在锻炼中提高，她可以从耦园走到观前了！

生活自理之外，妈妈一直都照顾着我和姐姐这两个小女儿。陈年连穿着漂亮的连衣裙，当时学苏联，连衣裙不叫连衣裙，叫作布拉吉。妈妈看见了，心里就想着一定也要给女儿们做。她会跟裁缝说，提出要求，不久我和姐姐就都有布拉吉穿了。我的两件是监色花布做的，妈妈说师范里要求朴素；姐姐在大学读书，做了苏联大花布的，与环境协调。有一回妈妈拿出一段浅绿色的布，裁缝说，做一件太多，两件又不够。妈妈想出来买一些白布加上去，做成两件镶拼衫，姐妹二人一人一件。当时我在校园里很是出了一阵风头。妈妈还把她自己的一件黑色丝绒外衣改成我的风衣，把我小时候一套玫红色的西装改成一件夹克衫，妈妈的头脑里有无尽创意，她总能说服裁缝，为我缝制这些"新衣"，一时之间我便成为校园里一道风景。

回想起来，我的中学生活可以用快乐学习无忧无虑来概括。

搬家了

1956 年春天，耦园面临一个大的变动。房东刘先生将耦园赠送给了振亚丝织厂，园内住户都必须迁出。妈妈开始看房子，准备搬家。当时我住校，只在周末回耦园家里。每次回家，就会听妈妈说些看房子的事。妈妈说，房子看到了，很大的，一并排是五间，前后房间，一共十间，还有二楼，也是十间；天井也很大，楼上还有厢房。妈妈很满意的样子，给我的印象新居也真不错。妈妈说，下个星期不用回

1961 年三哥家回苏州：前排三嫂、侄军、母亲，后排二嫂、行、拙、逊

到耦园来了，直接去王洗马巷吧。王洗马巷离新苏师范近，从新苏师范出来经东大街、司前街、养育巷到中街路，一直向北，看到王洗马巷左拐向西，26 号就到了。

妈妈是独自请人帮着出力，把家从耦园搬出来的。至今我都不可想象！

新家并不如我听了妈妈的介绍而想象的那么好。这是一座商业家庭的建筑，在我家租住的第五进天井西侧，有一间石屋，上下左右前后六面都是花岗石砌的，这个石屋可以存储钱财也可以藏人，既防盗也防火。前后七进，前五进是十楼十底的住房，两进辅房，下人住宿用，还有柴草灶间。有长长备弄，几十米，把七进房屋串联一体。这里除了每一进之间的天井，没有其他空间，更没有花园。如果说耦园是光明，那么王洗马巷 26 号就是黑暗。然而，妈妈用她乐观的态度，随遇而安，使我也很快适应了新的环境。

搬家之后，妈妈常常到养育巷鹤园参加政协组织的学习。又在居民小组里当了调解组长。妈妈的视野更加开阔，生活更加丰富。乡邻们又给了她新的称谓：张先生。这是后话。

明天是农历六月二十六。妈妈的生日，谨以此文纪念亲爱的妈妈！

2017.7

母亲晚年在王洗马巷，与孙辈松、婉约、梓

我心中的岳母

顾为国

1978 年 3 月 8 日凌晨二时，岳母溘然与世长辞，我深深地陷入悲痛之中。回忆中，1 日下午她着凉感冒，我们即请医生为之诊治，之后赤脚医生每天都来看望、打针。可是这次的病来势汹汹，服药打针不见缓解。我们俩早上、中午都尽量多些时间留在家里；白天课间辉也要匆匆赶回家看一看；夜里，两人分上半夜、下半夜轮流地看护着她。7 日放学后回家，岳母对我们说她今天很好，很舒服。吃晚饭的时候，我还喂她喝了半碗粥，一点人参汤。岳母说，今天可以睡个好觉，这几天你们也累了。这样，我在十点钟睡了，辉也睡了。之后，起床两次，问岳母是否需要什么。在宁静的夜里，我忽然醒了，屋里异样地静。几年来早已习惯于岳母或长或短忽高忽低的鼾声和她翻身动弹的声音，此时却是"死一般的静寂"。我本能地走向岳母床前，一阵恐惧袭来，岳母脸色异常，呼辉，辉立即站到我身边。去对门陆医生家请陆医生来。陆医生作出死亡诊断。此时，是凌晨两点。

1978 年 3 月 8 日这是一个难忘的日子。如今岳母离开我们已有二十三年了，今年正值她老人家百年诞辰，禁不住思绪绵绵，往事历历在目。

我最早到王洗马巷见到岳母大约是 1957 年，后来在毕业后的 1961 年、1962 年寒暑假中，也去过。岳母给我的最初印象是她慈祥的眼神。1964 年 4 月 24 日，我和辉结婚，我成了他的女婿。从此有机会亲眼见到她的为人，印象最深的是她的善良。当年岳母的邻居中有一位中年妇女，体弱多病，无可靠的经济来源，独自抚养着一男一女两个小孩。岳母心中总是牵挂着他们，时常去他家坐坐，安慰照顾这孤苦的一家人。后来这女邻居死了，留下的两个孩子自然成了岳母关怀照顾的对象，直到女孩参加工作，能自食其力。另一家邻居沈瑞华夫妇俩，不会安排生活，在困难时期，他们家就尤其显得困难，踏级而下的五个小孩被弄得非常可怜。岳母总是悉心照料这些小孩，不使他们挨饿和失学。楼上有一个两口之家，八十岁的母亲厮守着六十岁的儿子，他们生活上的困难可想而知。岳母和她的邻居们相比，体力不比别人强，经济情况其实也不富裕，但她总觉得自己比别人略好一点，她就会去帮助他们解决暂时困难。这种扶贫帮困，既无需人动员，又绝不勉强，都是发自内心所为，这是一种潜在的品格和修养。当时她担任干洗马巷 26 号的居民小组长，街道和居民委员会的干部、居民们都很敬仰她，不管哪家有争执纠纷，都要请她去评理，经她调解，什么纠纷都能得到解决，争执双方言归于好，临了都客气地说"好婆走好"，"谢谢好婆"。1966 年 8 月，我暑假回家，正好遇到"红卫兵小将"来抄家。当时我默默地坐在岳母身边，邻居们听到响声都来了，也默默地坐在那里，看"小将们"翻箱倒柜，事情完了，还帮岳母收拾东西。邻居们对岳母的真情支持，当时很叫我感动；这一幕留在我记忆中，至今清晰不忘。

1971 年秋冬之交，岳母患胆囊炎住中医院半个多月，因她已七十高龄，医院采用保守疗法，不开刀，只挂水，先后挂了四十八瓶盐水才制服了病魔。我和辉轮流日夜陪护她。同病房一个蠡口乡的青年妇女由她的丈夫陪着，因她一直在病床上唠叨、抱怨和咒骂，蛮不讲理，一次，她丈夫不知如何是好，痛苦地号啕大哭起来。岳母虽然躺在病床上，还是安慰女的，开导男的，经过一段时间的相处，他们夫妇和好了，那女的也日渐康复，都非常感激岳母。岳母出院时，那个男青年用黄鱼车送岳母回家。1973年岳母到了西山之后，接触的人少了，赤脚医生黄丽君、两个幼儿园的教师陆咪咪和张勤芬，同岳母从相识到熟悉，几乎成了忘年交。他们对岳母多有帮助，岳母则关心他们的工作、学习和心情，常在拉家常中讲一些朴素的人生道理。三个农村女青年对岳母像对老师一样尊敬，对长辈一样亲热，"好婆""好婆"地叫她。以至多年以后他们看见我还要说"好婆真好"。

我父亲是商店营业员，谈起岳母，总是称赞岳母待人之诚恳。1965年8月，我的三弟大学毕业分配去连云港工作，我父亲要送他到苏州火车站，岳母得知此事，诚邀我父亲和三弟从黄埭到了苏州，先到家里吃午饭，饭后再去车站。那天，请二嫂的母亲掌勺，烧了许多菜。我母亲是个没有文化的家庭妇女，同岳母多有往来。1969年底，辉的预产期逼近，决定去黄埭生产，岳母一同去了。1月26日夜，她们俩合作互补，岳母充分发挥了头脑清醒、知识面宽、指挥若定的优势，女儿（媳妇）顺利分娩，全家皆大欢喜（1965年4月6日青儿在苏州医院里出生，也是岳母在辉的身边，我未尽到做丈夫的职责，却都是依赖岳母，想来十分愧疚）。1972年，两个孩子都在黄埭，每隔一个多月，岳母就让我母亲领着孩子到苏州住一两天，对第三代的爱像一条红线，把两亲家拴在了一起。后来，岳母和我们的两个孩子都到了西山，我母亲也不时来西山看我们。1974年春岳母跌了一跤，致锁骨骨折，经医生固定后回家第二天，忽然我母亲来了，她当然留了下来，担负了护理和大部分家务。岳母去世的那一天，我母亲也忽然去了西山，当时我们已经陪送妈妈的遗体去苏州，两个孩子留在家里，她自然又留下来，做了大量善后工作，并照顾孩子们的生活。这两次，都是碰巧，可以看作是她们两亲家的缘分。如今我母亲已八十多岁了，她还常常对我说"你岳母人好，待人好"。

岳母的坚韧，也是我感受很深切的。步入这个大家庭，对已往的事知之不多，只看见岳母用一只左手穿衣、吃饭、洗脸、洗脚、生炉子，做饭菜，还会用旧袜子拆出来的纱线捻成纳鞋底的线，岳母平静地应付生活，我常暗暗佩服。经过"文化大革命"更觉得她坚强可敬。1973 年 3 月辉调到西山后，不断地邀请岳母来西山同住，直至 11 月农忙假里，这个愿望实现了。我到苏州，陪同岳母整理了行李，搬了一些必要的家具，坐轮船，在灿烂阳光下五级风浪里横渡太湖，到了西山。从码头到家的路，是我让岳母坐在手拍车上，一路给她做着介绍，把岳母接回家的。岳母同我们生活在一起，凡事能独立做的她都独立做，还尽量帮我们做家务。有一次，给我们烧了一个菜，掌作料时掌错一只瓶，放的是火油，闹了点笑话。1974 年岳母锁骨骨折后，又挺了过来，又下床活动了。我们曾请了一位资深老中医来给岳母诊脉，老中医仔细搭了脉，看了舌苔，最后支支吾吾没说出个所以然，连处方都没有开，好像岳母的身体已经衰弱至极，到了不可救药的地步。我想，经过这么多的折腾和磨难，岳母的医学征象也许的确是低下而动荡不定，体内危机四伏，生命之弦随时都可能绷断，然而，岳母的生命力是顽强的，她终于挺过来，她以内在的精神力量支撑着又生活了三年多。

亲爱的岳母，您的子女辈、孙子女辈都成长了，您的哺育和期望，造就了他们。岳母，安息吧！

当年耦园野生动物

钱行

当年，说的是上世纪四五十年代那段时间，当时我家住在苏州耦园。住过耦园的东花园，即城曲草堂、补读旧书楼、双照楼等几处；还短暂住过西花园，藏书楼后面的一个小院落，有二层，七八间房间。在耦园的时间不短，近二十年，但是距今很远了。这篇写的是当年所见耦园里的野生动物，今日已不常见了。

野生动物生存与环境密切有关，这些回忆所及的零星记忆，就按环境来分组：山林，河池，房舍与其他。

（一）鹭鸟、啄木鸟、黄鹂、乌鸦、老鹰及其他

山是假山，山上山下树木花草是真的，不少。还有门口河边一排大树，夸张一点，也可以说是小树林了。这一排树，就是一个鹭鸟天堂。每年都有许多"青庄"——当时这样称呼这种鸟，其实就是现在虎丘后山繁殖区的那些鹭鸟——在树上做窝、生蛋育雏。小鸟生长季节，树下的路面，除了白色的粪便痕迹外，泥鳅、青蛙等的尸体，也是时时可见的。偶尔会有小鸟掉下来，还不会飞，就被人拾了去，可能当野味解馋了吧。

花园里的鸟，现在苏州可以常见的是白头翁，那时树上还有蝉，没有见过螳螂捕蝉，但是常常看见白头翁捕蝉。往往是蝉在空中飞，鸟在后面追，但闻知了一声悲鸣，已经蝉落鸟口，被白头翁衔在嘴里，或者要带回去喂小鸟了。

那时耦园树上常见的啄木鸟，离开耦园后几十年没有见过。当年是在园中玩，听到树上有声，抬头就见它在啄树了。

有一种美丽的黄鸟，猜想是黄鹂吧。但是那时也没有看清楚，只是常常拾到黄色的羽毛，不是整根毛都黄，是前端黄，非常艳丽的黄，下半段则是灰色的。还有一种非常美丽的鸟就是翠鸟，在池边树上，在池中捕鱼的。这种鸟，二十年前刚搬到城乡结合处的新建小区时，在小区河边见过，现在城进乡退，也很多年没有再见了。那时在耦园，则是常见的。

乌鸦，或许也有点候鸟的意思。河边大树上，春夏是鹭鸟，秋冬就是乌鸦了。群起群落，一大群。老鹰，不知道住在什么地方，但是可以看见在天空飞。

耦园门口是一条河，河里有鱼，人在河边走，可以看到水面上的鱼。老鹰在天空飞，也可以看见水面上的鱼，而且会从天而降，把鱼抓走，不是滑翔渐降，而是收拢翅膀，垂直下落。这不常见，但是见过。后来是老鹰也见不到，更看不到它捕鱼了。

（二）乌龟、黑鱼、水老鸦

耦园有一个池塘，自然是有许多水生动物存身其间。

春天夏天，都可以看到乌龟。有时是趴在池边石块上晒太阳，有时还上岸登陆，在花园里、假山前游走。我们小孩子有时就抓一个两个，放在屋后天井里养着玩。苏州有句老话"乌龟盘门槛，但看此一番"，这句话说的自然是人事，大意是这事比较难，乌龟只是用来作比喻的。可是，被养在天井里的乌龟，要不了几天，就会逃之夭夭，乘你不看见时，努力翻越一重一重的门槛，回到花园，回到水池去了。现在回想，春夏之交乌龟上岸，大概是要找地方生蛋繁殖后代吧。但是，这么多年，大乌龟年年看得到，小乌龟却从没见到过，不知何故。

池中还见过一大群像蝌蚪模样的小动物，好像头小一些，仔细看，在这群小东西附近，还有两个大家伙在游动。原来这是黑鱼一家，父亲母亲和一大群幼崽。黑鱼是食肉动物，有这样一尺多长的大黑鱼，说明这个池塘里小鱼小虾小动物一定很多很多。平日水面上都是浮萍，岸上人不容易看到小鱼，有时用碗捞起一碗浮萍带水，拿上来再加水"稀释"，往往可以发现藏身浮萍中的小小鱼、小小虾，很好玩的。

耦园东边就是内城河，南北两边也都有河。那时候河里的鱼是很多的，在这几条河里，两种渔船常常可见。一种是网船，往往停泊在河口，布下一条拦河网，拦住了河道，只在船边留一口子，鱼要经过，只有这口子可过，他就在这里再设一网，虽不能一网打尽，也是网网不空、收获颇丰的了。还有一种渔船就是水老鸦船。一条船十多只鸟，翻到水里就去捉鱼。衔在嘴里就回船上交。有时捉的小鱼，已经吞到喉咙里，上船后捕鱼人也有办法让他吐出来。遇有大鱼，一头水老鸦对付不了，他们会协同围攻，两只三只水老鸦一起把大鱼抬上船。当年上学路上或者回家途中，都能遇见这种渔船的捕鱼表演。现在是只有一些旅游区有这种表演，当年却不是表演，只是正常的捕鱼作业吧。

除了渔船，还有一些捕鱼人，可能不是以此为生，只是一种业余生活，增加些收入和乐趣吧。他们用的网是方形，每边约有一丈长，四个角上系着竹竿，四根竹竿会聚中央，就把网撑开了。再系上一根长竹竿支撑，作放网起网用。人坐在岸边，放下网，等一会扳起来，称为"扳网"。他们捕鱼，我们就是观渔，多在下午傍晚时间。

（三）黄鼠狼

大概是从初中一年级升二年级的时候，房主调整出租屋，我们从东花园大房搬到西花园藏书楼后面的一个小院落，楼上四间、楼下三间，厨房等还在后面，就是在北面，楼前是一个小天井。比起东面东花园的环境，好像降格了不止一等。

小院里应当没有什么野生动物了吧，猜想会有老鼠，也看不见。那厨房里，有一个大水缸，装的是井水还是河水？当时也不关我们孩子的事儿，现在也无从知晓，总之，是供厨房用，烧开水、做饭都用这水的。一天早上，发现水缸里淹死一只黄鼠狼。根据后来发现的家庭档案，当年物价涨，家庭经济不富裕。记得这个黄鼠狼的尸体，是请人剥了皮，仍在厨房里，当作食材的补充了。难得的美味，后来就再也没有吃到过。那一缸水，想来只好废弃，另外挑新水了。

按照食物链常识，黄鼠狼下面必须有鼠类，家禽在附近是不多的。或是家里室内，或是室外园中，没有遇见过，会有存在且不少吧？否则，不会有黄鼠狼。

这小院大概住了两年，又搬回东花园了。不同的是，以前是整个花园住一家，这次那座楼房住两家，花园里山水间和听橹楼也各有人住了。不过比西面的小院，还可以算是一次乔迁了。

（四）池中的金鱼、城墙上的花白牛

耦园东墙以外，当年有一小块陆地，从小新桥巷底左转可以进入，却没有其他出路，只能原路返回。但是这块陆地在靠耦园东墙处还有一点水面，这水与内城河虽不是直接连通，然可通耦园北面的柳枝巷河，同时耦园东墙下，有一涵洞，这外水可通园内池塘。洞口有石板挡住，而石板上有洞。所以，耦园池塘，其实是有源头活水，间接通内城河，也可以说间接与外城河相通的。所以，池中水生动植物都有一个较好生活环境。后来，房东忽然想养金鱼，让人把水抽干——可能那涵洞也临时或永久堵塞了吧，清塘，放养金鱼。一时似乎很好，我也看到过池中的金鱼。但是，后来还是失败了，可能清塘不彻底，野生动物卷土再来，那金鱼，就优胜劣败了。

东墙上，原来有一窗户（现已不存），可以眺望城墙。现在，相门那里重建的"古城墙"，从城里城外看，都是城砖砌就。但是当年的城墙，城外看是墙，壁立千仞——夸张的说；城里看，则只看到城垛

城曲草堂

部分是砖建造，以下都有护坡，长满青草的土坡。我们常常凭窗眺望，这草坡上有放牧的牛群。一种花白牛，有十多头。不记得有没有牧童或牧人，牛是记得的。在双照楼上可以看到，在这东墙窗户里也可以看到。

城曲草堂那匾上的字，容易误认为"城曲学堂"，我们童年时就认错过。现在有的导游，居然也认错说错。当年我们是小学生，或情有可原。导游要指导游客，认错是很不应该的。再说这个城曲的"曲"，当年是的确可以看到的，窗外城墙，真的就在草堂东北一点的地方，呈一个弯曲。本来南北向的城墙，向外也就是向东，突出去有一个拐弯。其实，城曲草堂的本意，只是说在城之一角的意思吧，不一定有弯曲义。当年却以为就是因为城墙的这一弯曲，才叫城曲草堂的。现在城墙也没有，这一曲，也只在我们的记忆中了。

二、怀念父亲

父亲在台北素书楼前

耦园忆父母

钱行

每到耦园玩，就会想起父亲、母亲，想起兄弟姐妹童年的事。因为父亲在这里住过一两年，母亲则住过近二十年，我们兄弟姐妹几人，都是在这儿长大的。

父亲在耦园住一两年，我是这样算的：抗战时期，父亲从大后方昆明来苏州陪侍祖母，闭门隐居一年，后又去大后方，抗战胜利后，父亲在无锡江南大学任教，而在苏州河南大学兼课，还有寒假暑假有时回家，所以算一算，共两年。

父亲原在北京大学、清华大学等校任课，当年我也在北京出生并上小学的。抗战军兴，大学内迁，父亲随学校去大后方，母亲和我们兄弟姐妹四个孩子仍在北京，而祖母则在无锡乡间老家。直到1939年夏，这三个地方的三代人才会聚于苏州，租得耦园空房子安下家来。当年我们租住的房屋，正是今天耦园开放的那一部分，包括住房及花园。

北大等校内迁，成立西南联大，周作人留在北京（当时的北平），后被日伪威迫利诱而成了汉奸。父亲在苏州居住，特改用别名钱梁隐来报户口，领证件，平日不外出，也很少友人来访，过的全是隐居生活，倒也平安无事。那时我年八岁，方上小学三年级。

父亲回苏州前原在西南联大，后改接受顾颉刚先生聘，到山东齐鲁大学国学研究所（时内迁，设于成都）任职，经顾先生同意，可以在苏州一年，任务是编写《齐鲁学报》并在上海接洽出版。当时父母住楼上，我们小孩子和祖母住楼下，因为家里人多，还请了一位乡村老妈妈帮助料理家务。父亲的读书工作室就在楼中间，那里原有耦园主人的一块匾额，写着"补读旧书楼"五字，可知原来的主人也是在这里设书房的。现此匾未见悬挂，可能由园方收藏了，仅其楼下"城曲草堂"匾额仍挂在那儿。

父亲在他回忆录《师友杂忆》中写到这段生活说：

> 侍母之暇，晨夕在楼上，以半日读英文，余半日至夜半专意撰《史记地名考》一书，……余先一年完成《国史大纲》，此一年又完成新书，两年内得成两书，皆得择地之助，可以终年闭门，绝不与外界人事交接。而所居林池花木之胜，增我情趣，又可乐此而不疲。宜良有山水，苏州则有园林之胜，又得家人相聚，老母弱子，其怡乐我情，更非宜良可比，洵余生平最难得之两年也。

这一年，父亲"晨夕在楼上"专心读书和写作，而我当时还只是一个三年级的小学生，所以，今天回想起来，竟只记得每天早上看爸爸在楼前园中打太极拳的样子。倒是他当年学英语读的一本《海外轩渠录》（《师友杂忆》中作"大人国与小人国"一书，不是书名而是内容）及一本韦氏大词典，后来一直在家中，书是中英文对照的，后来我读过其中中文部分，可惜的是，二书及其他几千本书，都在1966年后被"抄"而散失了，后来落实政策也无从查找，与被毁家具杂物一起，由国家"赔"了500元钱结案。此事两次去香港探亲，均未详细告诉父亲和继母，"文革"中的一起"奇遇"，也多含糊带过。只说"现在不是很好，在你们面前吗？"做儿女的，是不愿父母徒增感慨，而父母或许还以为我们对他们不贴心，不愿讲心里话，真是历史的悲剧。

父亲家居一年后，一则假期已完，书也写完，学报也编成，均已交上海开明书店。二则风闻南京伪政府对他在苏已略有所闻，恐怕再住下去会有不测，于是又离苏经香港，转重庆、成都，到成都北郊赖家园齐鲁大学国学院上班去了。

抗战胜利后父亲回来，则我已是初中毕业上高中了，虽然父亲不常在家，只是断续住几天、几月，然而记得的事却比童年时的多一些。

父亲苏州一年所编之学报，当时已在上海出版，而《史记地名考》一书，当时却没有出版，稿本一直存在上海的开明书店，至少抗战胜利、全国解放，此书仍然在那儿。1949 年父亲在香港办学，起初与家人有通信，后来中断了好几年，于 60 年代初"文革"前，双方又恢复了书信联系，父亲来信说，香港市上忽有大陆出版的此书发售，用的是当年开明的纸版，（当年仅制版而未出书），却不署作者姓名。父亲认为此当属于盗版书。他一方面另写一篇序文，将原书在香港找书店正式出版；一方面来信问我大哥，在大陆能否查清此书的来历，究竟是怎么一回事儿。当时大哥在苏州市一中任教，随即将此事向市里领导汇报，大约过了一两个月，得到领导的口头答复：这件事不要查了。于是，也只好回复父亲说查不清楚。这件事至今仍是一个谜。

《北京政协》1994 年第 1 期

与父亲分割三十三年后的重逢

钱易

　　自从父亲 1948 年离家南下，先在广州教书，后又去了香港以后，我们就一直没有见过他。开始几年大哥还与他通信，而且据说是当时的江苏省省委书记管文蔚授意的，管曾经是我父亲的学生，但到了"文化大革命"，通信当然不可能继续了，大哥还因此受到了严厉的批判斗争。

　　没有想到的是，1980 年已经从苏北农村回苏州，在江苏师范学院（后改名为苏州大学）任教的大哥又收到了一封父亲的信，并且有了一个地址，是从香港中文大学新亚书院转。震惊之余，大哥给父亲写了信，报告了自己和家中的情况，告知父亲：母亲已在前年仙逝，几个兄妹都健康，也有安定的工作及和睦的小家庭，每家还都有两个孩子。不久父亲又来信让兄妹们各自分别给他写信去。为了让父亲能安心，我们各自给父亲写了信，并表示我们都十分想念他。在父亲确信我们都活着的时候，父亲和继母决定暑假让我们到香港去会亲。

　　从春天到暑假，我们忙着到北京和苏州的台湾事务办公室、公安局办理申请手续，而且亲身体会到了改革开放带来的大变化，居然一切顺利。苏州的一个哥哥和一个妹妹都得到了批准，三哥和我被告知，因为北京申请出境的人多，我们一家二人只能批准一个。考虑到我已经被选拔要去美国进修，我们就决定由三哥代表去。二哥当时还在苏北，但也得到了批准。

　　对于这次见面，辉妹、二哥都写了很多回忆文字，他们也带回了不少照片。我从中知道兄妹四人与相隔三十二年的父亲重逢的一周时间是多么地不平凡，也知道了父亲在香港艰苦创办新亚书院的过程和后来新亚书院与崇基书院、联合书院合并组建成中文大学，等等故事。

因为我那次没能去香港，也因为父亲非常想念堂兄伟长，这件美事总觉得留下了一些遗憾。当时的中文大学新亚书院院长金耀基先生把弥补这个遗憾看作自己的责任，又作了新的安排。他早在1978年就在新亚书院开办了"钱宾四先生学术文化讲座"（宾四是我父亲的号），除了第一次由父亲主讲外，每年都邀请海内外名家做主讲人。他决定邀请堂兄伟长作为1981年的主讲人，还出主意让我作为钱伟长先生的助手一起去香港。父亲十分满意金院长的安排，因此在首次与亲人团聚的半年后又一次赴港。

1981年开春，我和伟长哥达到香港时，又出现了父亲和继母站在车站等候我们的情景。当时的香港中文大学校长马临、新亚书院院长金耀基对我们非常关怀，将我们四人安排住在中文大学宾馆，楼上三间卧室、楼下客厅和饭厅，只供我们一家使用。每天三餐都是我们一家四人在一起吃，其余时间不是在客厅或父亲房间谈话，就是在中文大学校园里散步。伟长哥完成了讲演后，在家庭团聚及与父亲的谈话中是主角，我大多时间是旁听者。继母曾经描述这次会面，提到"有着共同往事记忆的侄儿，善解人事，也继有父风，会详告叔父家乡的变迁事况，这些是子女所无从知晓和体贴得到的"。她也夸奖了我"善言体贴"。她还说父亲的激动和兴奋胜过了前一次。

记得我当时曾高兴地对父亲说："在这里真像过家庭生活一样。"父亲欣慰地说："你觉得开心就好。"沉吟半晌后，他又说："这里怎么能和家相比啊？什么时候你能到我台北家中住一阵就好了。"没想到父亲和我的共同心愿竟在七年多后实现了。

1981 年春，伟长兄、易赴港与父亲继母相会

　　下面是一张我们在香港的留影。可以看到，海湾的景色美极了，我们四人的心情也好极了。我们分隔两地不能相见三十三年，但亲情是隔不断的。

　　写到我们家庭的重逢，金耀基先生的恩情是不能忘却的。他与我几乎同龄，只比我长一岁。生长于上海，成年于台湾，先后获台湾大学法学士，政治大学政治学硕士，美国匹兹堡大学哲学博士。1970年来，即任教于香港中文大学，历任中文大学新亚书院院长（1977-1984）、中文大学社会学系讲座教授（1983-）、中文大学副校长，2002年任香港中文大学校长，2004 年退休。金耀基教授的研究兴趣主要为中国现代化及传统在社会、文化转变中的角色，并对香港 20 世纪后半叶的发展有过很多研究，其中对于港英时期政治进行分析的"行政吸纳政治"理论，是相关研究领域最重要的成果之一。他曾获得的学术荣誉有："中央研究院"院士（1994），香港科技大学荣誉文学博士

（1998）。1998 年，获香港特区政府颁授银紫荆星章。除了学术研究，金氏对社会事务，也十分热心，先后担任香港廉政公署社区研究小组委员会主席、香港法律改革委员会委员、香港政府中央政策组顾问、香港研究资助局委员。

　　上述材料是我从网络中查到的，我印象中的金耀基先生则要比那些已经给人强烈印象的职务、奖赏和头衔更生动、更难忘。他待人友好、热情，他知识丰富、深入，他谈吐风趣、生动，他们夫妇相亲相爱。我们先后见过多次，每次都是他为我们设想和安排一切，自己则不显山水地站在一边。因此我始终没把他看作是一个院长或校长，却总觉得他是一位值得信赖、值得敬爱的朋友。

赴台探亲日记

钱易

　　从 1948 年父亲到香港，在那里创办了新亚书院并工作了二十多年，退休后移居台北，我们与他一直分居两地未能相见。80 年代初，在时任香港中文大学新亚书院院长金耀基教授的帮助下，我们曾经两次在香港相会，有了很多亲情的交流，但父亲多次遗憾地说，你们什么时候能够来看看我现在的住处呢，他也多次表示很想回老家看看。

　　盼望了多少年，我终于盼到了这一天。那是 1988 年，台湾终于对大陆同胞赴台探亲开放了，但仅限于探望年老病重的亲人。继母和我分别在台北和北京提出了申请，到 10 月底才有了好消息。当时我在荷兰代尔福特大学任访问教授，10 月 27 日中国驻荷兰大使馆李参赞对我说，台湾的通行证办好后就可以成行了，他还向我展示了台湾报纸上关于父亲盼望我早日前去的消息。11 月 3 日接到继母电话，告知 9 日即可正式办理通行证，决定要我 13 日前往台北。我立即安排好了工作，购买了机票，按照计划行动了。

　　从 11 月 13 日出发到 12 月 10 日离开台北，我在台北逗留了一共 27 天。家里家外遇到了很多人、很多事情，使我深切地体会到父女、亲人之间浓郁的亲情，同时也领略到海峡两岸之间冷峻的隔阂，甚至对立。我回来后就打算整理一下自己的见闻和感受与亲人们分享的，竟然没有完成。时隔二十多年了，无意中发现了当时的日记，读来仍是那么亲切，决心将其录下并发送给亲人们。

11 月 13 — 14 日　星期日至星期一　阴雨

十时许离开代尔夫特去阿姆斯特丹，搭乘的是台湾的华航班机。办理手续时我的护照使工作人员大吃一惊，问我有没有办理签证，我说明批准我赴台的通知已经传真到了华航，她立即想起了，马上非常客气地放我登机。

机上的邻座是一对在欧洲旅游后回台的夫妇，那位妇女很想与我聊天，问我是不是来旅游的。我不会撒谎，回答说是在荷兰工作。她又问：是在饭馆工作吗？我答：不，在大学。这把她吓了一跳，她也就不再多问了，只是又说了一句，你大概很久没有回台湾了吧。我含糊地说了一声：是。

经过十七小时多的飞行（中间曾在达兰和曼谷各停了一个小时），飞机终于于 14 日下午 3:30 左右到达了台北桃园中正机场。出乎我的意料，刚走出机舱就见到继母和一大群人，她一一为我介绍，有邵世光小姐，表弟壮壮（一个二十多岁的小伙子），还有"救济总会"的一些官员，主任、副主任、副秘书长等。当时不止一人连续地对我照相。继母要我随表弟去办理入境手续，她和我分开走也免得引起记者注意。我就和表弟、邵小姐等往前走了。

他们先带我进入了一间屋子，还未站稳就有"救总"的人来说："这里不行，到那里去。"于是又来到另一间屋子，那里放着一张大桌子，几张小桌子，还有门与另外两间屋子相通，几位小姐在小桌子前操作着计算机办公。我们四人（邵小姐，"救总"二人和我）在大桌子边坐下，表弟问我要了来回机票和护照，不知去哪里为我办手续了，他是在机场工作的，穿着挺括合身的制服，很精神。

在我们等待的时候，常有人探头进来张望，一个年纪很轻、背着相机的记者更走进来，招呼那两位"救总"的先生说："老大哥，有什么消息吗？"答曰："我们没什么消息。"年轻记者又问："听说已发出四张通行证，什么时候会到台北？"那两位又搪塞说不知道，不清楚，要他去问出入境管理处。小记者很活泼，诉苦道："我们当记者的得不到一点消息，今天在机场到处转，见到你们几位神秘的脚步，就跟了进来，你们又不透露真情。"我们都笑了。他又对邵小姐说："你的北京话讲得很好啊。"邵笑说："我可不是北京来的。"然后他把目标转向我："这位小姐（台湾人一律称呼女士为小姐，是不管年龄的）很面熟啊，你上过电视吗？"我说："这怎么可能，我从未上过电视，不是知名人物。"他又问："可以告诉我你的姓名吗？"正在此时，有人拿来了当天的《中央日报》，大家注意起了报载"已发出四张通行证"的报道，他的问话就此被打断了。于是我就读起报来，不再说话。他又与两位"救总"的先生谈了一会，他们答允有情报就向他提供，他才走了。

在那里大约等待了半个多小时，表弟就来说一切办妥了，护照和机票被留在机场，给了我一张收据，发下的旅行证由邵小姐收存，还要用它报户口。过海关时也是表弟出面，只打开箱子象征性地看了看，并未作仔细检查就放了行。在机场门口与"救总"的四五位官员一起留了影，他们只说："欢迎你来台湾。"他们和继母、邵小姐、表弟都为顺利地出了机场，逃脱了记者的采访而感到高兴，说是计划成功了，我也如释重负。

坐二舅舅的汽车回家，除继母、邵小姐和我外，还有小阿姨美琨，一路上都在说话，稍稍看到了一些市容，没有完整的印象。

终于到了素书楼。围墙外是东吴大学，青年学生走来走去，很热闹，但打开门就是另一番景象。树木郁郁葱葱，曲径连着石阶，登级而上，才见到一幢坐落在半山腰的二层楼房，幽静典雅，只有一条小

素书楼客厅

狗汪汪叫着，增加了宁静的氛围中的欢快感。我们进门直登二楼，见到爸爸正坐在他最喜欢的廊道中的藤椅上。我走上前弯下身子拉着爸爸那只柔软光滑的手，高兴地叫道：爸爸，我来看你啦。

爸爸很高兴，马上对我提出了很多问题，问我是不是从欧洲来的，为什么去欧洲，还要不要回那里去？他脸色不坏，仍很滋润，有一丝红晕，说话声音比过去弱些，也慢些，但仍清楚。据继母和邵小姐讲，前一阵可完全不是这样，曾有一个来月不吃不喝，不言不语，成天睡在床上。还在 10 月 22 日摔了一跤，头部起了一个大肿包，还流了血。多亏居住在洛杉矶的一位张医师的药方和治疗指示，才逐渐好转了，最近已有点胃口，知道饥饿了。

继母等忙着做饭，爸爸接着同我谈心。他问及在北京有谁，在苏州有谁？爸爸破例下楼与我们一起吃饭，能自己扶着楼梯把手，拄着拐棍下楼。他喝了一碗粥，吃了两只虾，一些鱼头肉，喝了大半碗鸡汤。继母亲自做了不少菜，大多没吃完。

饭后又上楼谈话，爸爸平时一吃完饭就上床，今天精神不错，与我们一起坐到九点才就寝。见到他能自己上厕所、脱裤子、上床，我感到说不出的高兴，他仍不像是九十四高龄的老人，看来难关已经基本上渡过了。

《联合报》记者周小姐打电话来，继母说他们帮了很大的忙，必须与她谈几句，我就接了电话，只是说来到台北见到父亲很高兴，探亲后还要回荷兰，我和父亲曾在 1981、1984 年见过面，对于 1948 年父亲离家的情形已经记不得了，对于台湾还没有印象，等等。

又同继母谈了许久才睡。

11 月 15 日　星期二　雨

八时半继母来叫我才醒，原来他们六时就起床了。又有电视台记者来电话要求采访，继母答应他们我只能在电话中回答一些问题。不料她刚出门去买菜，记者就闯门而入。当时我正在楼上与父亲谈话，阿青（女工）急着下去挡驾，说是家中无人，记者们纠缠不休，她坚持说人都出门了，自己又要干家务，硬是请他们出去，他们却赖在院子里不走。直到继母回家，她才要我下去见一见。更不料这一来竟一发不可收。一个上午，中视、台视、华视、中央日报、自立早晚报、中国时报、新生报、民生报、大华晚报、联合晚报，还有两位美国人，一位是 International Community Radio 的记者，一位是路透社的记者。原来今早《联合报》已经发了新闻，还有一张继母和我在机场说话时的照片。报道说我是来台探亲的第一个大陆人。又说"父亲见到我眼睛都亮了，声音也宏亮了，要与我聊一整夜"，等等。因此各报记者都纷纷前来抢新闻，抢镜头。父亲和继母的意思都是不能躲，只能应付。

几家电视台都作了录音采访，也摄了像，报社则是照相及提问，提问的内容不外乎：（1）来台的心情（很高兴）；（2）何时申请，何时知道批准，何时动身（5月即酝酿，不久即申请，13日动身前才知道已批准）；（3）对台湾的印象（还没有看到什么，不好谈印象）；（4）家中的情况（兄妹四人，丈夫、儿子们……）；（5）工作情况（在清华大学任教，现在荷兰代尔夫特大学任访问教授）……

记者们几乎都是十分年轻的青年，小姐居多，都会说话，微笑交往。对于昨天没有抢到新闻懊悔不已，对于"救总"封锁消息表示不满甚至愤慨，对于我为什么能第一个来台表示惊讶和疑惑，但谈话中未有任何挑衅和刁难，只有两人问我是否打算在台湾居留，我明确表示了"不打算"，也就算了。

但我对台湾还是太不了解了，午后即有人打电话来，说是有"立法委员"正向台湾当局提出质询，说"钱易是共产党员"，然后又接连不断地有电话来问此问题。我当然说明我不是共产党员，又问及是否参加过共青团等组织，我说那是年轻时参加过的青年组织，二十八岁后就自动退出了。要求来访的人还是不断，我们决定一概在电话中拒绝，但有些人真是讨厌之极，纠缠不休，还有记者听说我们下午要去拜会在台的亲戚，竟背了相机要跟我们同去，也被我们坚决拒绝了。

这些事情都不能对爸爸说，我在楼下接待记者时，他一人坐在楼上的走廊里。下午继母和我抽身出门，她带我去了两家亲戚处，见到了诸位舅舅、舅妈、阿姨、姨父等，他们兄弟姐妹大多很爽朗，关系也和谐，正在计划去香港大会亲。

午饭和晚饭都是在楼上吃的，台湾人爱吃糙米饭，这是为增加营养。爸爸胃口日渐好转，爱吃虾，也吃了酱鸡块、鱼头豆腐等。两顿饭之间还吃了巧克力，是我从荷兰带来的，他说很好吃。

晚饭后看电视，三家电视台都将我的到来及谈话作为重要的报道。强调了我见到父亲的高兴和赞同开放大陆同胞探亲的政策，但也提出有人怀疑为何我不是申请第一人却能成为到台第一人，提出是否是特权的表现。

8:30 陪父亲去卧室，他躺下后要我坐在床边谈谈，又问我苏州有谁，北京有谁，还说他们都不认我了，不理我了。我立即说：怎么会呢？他们都常写信来，继母也在旁作证。他还问我："是不是阿六（我的妹妹钱辉）很阔了？"我说："不是啊。"他说："她不是飞来飞去的吗？"我说："没有飞来飞去啊。"他又说："我指的是她在苏州飞来飞去，忙得很。"我才恍然大悟，向他解释道，阿六是很忙，因为对什么都十分认真，因此更忙，又告诉他，阿六很能干，工作得很好。我还与他谈及十个孙儿女都已上了大学，有四个成了家，晓渊已经怀孕，是双胞胎，不久我们家就会是四世同堂了，他听了很高兴。

安置父亲睡下后，我又与继母谈了一会。她很支持孩子们出国深造，表示可以拿出父亲辛苦多年的稿费所得的 2/3 支援他们，又说大陆房屋政策改变后也要支持我们买房子，我表示房屋新政策必会考虑到大陆人的支付能力，我们应能自力更生。继母也讲到对父亲百年后的打算，她希望能在太湖之滨建个素书楼，用父亲的钱办个基金会，主要用来发展中小学教育事业，着重于培训中小学师资。我觉得她的抱负和打算可敬可贵。

11:30 左右进屋看看父亲，没料到他竟坐起来了，正打算穿衣服，吓了我一跳，据说 10 月 22 日他就是一人在屋打算下地，竟摔了一跤，现在头部还留有青肿块，所幸没出大事。我赶忙问他想干什么，他说睡不着，要坐一会。我只得帮他穿好衣服，他就这样坐在床上，背后也没靠垫，又与我谈起来。他问及我苏州耦园的情形，问改成公园后游人多不多，我们家住的那几间屋是派什么用场的？我对他讲了自己几次游耦园的见闻，又谈起抗战期间我们住过的西花园，江南大学已经恢复，等等。他感叹地说："看来我是回不去了。"我听了心酸，问他，"你想回去看看吗？"他说："你看我现在的身体这样，看来我是回不去了，不能旅行了。"我劝慰他先好好保养身体，过一阵再说。他又问我："你看是北京对我好还是苏州对我好？是北大想起我的人多还是清华想起我的人多？"谈起了郭绍虞、顾颉刚等几位先生，他说："还有哪些老熟人在，我都不知道了。"我怕他太兴奋更睡不好觉，就不再对他多说什么。他又吃了四片饼干，一杯牛奶，才睡了。

我一人下楼也不能入睡，想起白天的遭遇，预感到还会有更多的挑战，觉悟到以前太天真，太简单，对台湾社会的了解太少，思想准备太不够。当然，我自问于心无愧，不必担什么忧，只是干扰太多了，感到十分讨厌。忽记起父亲在香港中文大学宾馆就对我说过，你想出风头吗？想出风头就到台湾去，但你去只能出三天风头，你伟长哥去就要出三个月风头了。父亲是反对出风头的。处在风头上，人被吹晃得头昏脑涨，失去了稳定，甚至充满了不安全感。

但既来之，则安之，迎着挑战上吧。

11 月 16 日 星期三 雨

倾盆大雨果真来了。今天继母买了十多份报纸，除《工商日报》外，份份都有我的照片，我的访问记，对我来台的评论、质疑，有的是头版头条，有的是整整一大版，有的则更多。不能说都是造谣污蔑，但添油加醋的地方真不少，还有不少人是抓住一点小题目大做文章，如：

（1）一位"立法委员"余政宪提出了质询，说：听说钱易是共产党员，"行政院长"俞国华答询时说，他并不知情，如审查发现确有隐瞒，定当依法办理。

（2）台湾人民返乡权利促进会会长何文德前往台湾"高检处"指控我参与"叛乱组织"与"涉嫌叛乱"及钱穆知"匪"不报，台湾"高检处"已受理。

（3）已有特派香港记者打电话至北京，李国鼎先生证明已认识我二十多年，知道我不是共产党员。

（4）"钱易何以拔得头筹？""钱易模式引起争议"，指我的通行证号码是三十九号，却先于其他三十八人入境。

以下摘录一些两天来报纸报道的标题或主要内容，对各界注意的动向可见一斑：

11.15《联合报》

* 大陆同胞来台探病第一人，钱穆之女钱易昨抵台（第一版）

* 国学大师钱穆之女钱易昨日搭乘华航班机抵达中正机场时，钱夫人胡美琦在机门迎接（第一版，有照片）

* 苍茫海峡水，难隔父女情，大师一家，台北团聚，钱穆，九十四岁的老父亲和钱易，五十二岁的大女儿，终于在士林共叙天伦

＊手续齐全，保护周密，通关入境

11.16 《联合报》

＊钱易：手续合法周延，全家以平常心面对诸多猜测，何来特权之说，确知获得证照才在荷兰登机

11.16 《中央日报》

＊先搭机来台，再领旅行证入境，"钱易模式"引起争议

＊钱易不是共产党

＊与女欢聚，钱穆病况好转，共享天伦，钱易难掩喜乐

＊大陆同胞申请来台，钱易何以能拔得头筹？

11.16 《中国时报》

＊钱易持有荷兰签证，自由出入荷境，符合第三地区规定，随时可以来台

＊"境管局"表示钱易来台完全合规，钱易所填申请表显示她并未参加任何党派组织

＊父女分离四十载，一朝聚首享天伦，大师乐得睡不着，钱易珍惜每一刻

＊评论员称，"境管局"应勇于突破，达到便民本旨，一视同仁，平等待遇，摒除个案心态

11.16 《民生报》

＊钱易未获得旅行证即先登机，"境管局"解释纯系基于"紧急要求"，却未明确说明如何才能符合"紧急要求"条件

＊先上机再补证，通融；钱家不愿被骚扰，保密

＊民意代表学者专家看钱易来台，若要便民就要一体适用

＊钱易来台探病创下多项纪录

* 钱易跨进素书楼，父女久别相见难，书房身影在心头，总算相对话家常，只想略尽女儿心，第一夜转辗难眠

* 第一个早晨大量曝光过得不容易

11.16 《青年日报》

* 飞越关山重叙天伦国学大师父女会，夕照春暖清风白露双溪俱闻欢笑声，钱易来台手续完全合规，家属要求保密并无特殊

11.16 《中华日报》

* 暌违四十载，父女终相见，能圆探亲梦，难掩兴奋情，钱易在台期间不旅行，要多陪父亲

* 钱易若为共产党员，俞揆表示将予处理

11.16 《自立早报》

* 获准来台的钱穆之女钱易，郑重否认她是共产党员

* 何文德向检方告发，钱易为清华大学教授，该校系由大陆管辖经营的教育机关，应属"叛乱组织"

两份英文报纸也分别刊登了照片和消息：

China Post: 1 st mainland visitor arrives but stirs up a controversy.

Peking professor reunified with scholar father.

The China News: First mainlander visit here under new government policy.

面对这种阵势，我们今天采取了新的策略：一律不接见新闻记者。但从早到晚依然电话不断，要访问，要写专稿，要照相。一早就有一记者混入家中，举着相机往楼上偷拍，被继母抢先拉下窗帘。有一位"新新闻"杂志社的女记者，从早起就打电话，继母拒绝她，她也不灰

扬与父、继母在台北青书楼的楼廊上

心，死磨硬泡。我在电话里直接拒绝了她，要求安静，要求自由的时间，要求她不要再困扰，她仍是不罢休，讨厌之极。最后继母对她发了脾气，她竟也发起脾气来。继母常对这些纠缠的记者说："你们是不是要知道她是不是共产党，你们去问政府好了。"

也有一点安慰。今天接到一位无名氏的电话，只说知道我们父女团聚，十分高兴，表示祝贺。另外《联合晚报》来电话提醒我们尚未报户口，说：人家又要炒新闻了。因此我们立即去警察局报了户口，是继母开车陪我去的，十分顺利，小警察只拿我的证明上楼去了几分钟，就不声不响地做了登记，一句话都不问。

父亲的情形很好，吃东西很有胃口，也喜欢与我说话。早起我与他谈起一些老学生还记得他在昆明西南联大讲课的情形，他听了十分高兴，立即回忆起当时的情形来，说自己住在离学校很远的郊区，要坐火车去上课，一周去学校2—3天，上课时学生很多。还给我描绘了住房的情形，他一再问我，是否认识一些当时在昆明与他共过事的人，或者他的学生。他忆起了李埏，说是当时多亏认识了他，住进了他的房子，还记得李埏是云南人，可惜我并不知道李先生的近况。

他也关心我们在谈些什么，报上说了些什么，我们不敢把一切告诉他，但他听到了，问道："是不是他们说钱易是共产党？"又说："他们恨不得说我也是共产党。"他还对我讲："台湾与大陆很不同，大陆虽然是共产社会，但中国传统保留得多，台湾虽然是民主社会，但中国传统几乎没有了。他们不能理解为什么我的女儿会从远方跑来看望父亲，他们是不承认父女之间的亲情的。"

对三哥不向父亲讲自己的工作和参加共产党的事，父亲耿耿于怀，但他也夸三哥，那是在读了三哥的文章以后，说："他还是很聪明的，能做学问的。"他感叹说二哥可惜了，不然跟了他可以做出很好的学问来。

五时许出发去赴二舅舅的宴会，当时门口还有三个记者在守候，是女工阿青以理规劝，哄他们走后我们才溜出去的。坐上计程车去到市中心的"长风万里酒家"，吃的是北京餐，烤鸭、烙饼、葱油饼、馅饼和很多菜肴。台湾菜的风格与北京大不同，较清淡、细腻，但烤鸭皮太硬，咬不动，我只吃了一块，葱油饼葱太多，不好吃。二舅舅原是台湾公路局的总工程师，现任一家公司的董事长，已七十七岁，仍很精神。同席的全是胡家亲属，有三姨、三姨夫（为台北市财政局长）、四姨、四姨夫（农学家）、八姨、八姨夫（原警官）、五舅舅（原海军上将）、五舅妈、六舅舅（居住美国十四年）、小姨美琨（会计师）、继母。我是小辈，不敢放肆，也不会应酬，在满座珠光宝气、粉黛盛装的女宾中，我虽年纪较小（比小姨大三岁），却最土气，最寒酸，好在我并不在乎。

宴会的一个插曲是席至一半，饭店老板端来了一盆花，说是老板娘亲自插的，送给钱教授，这一番盛情令人感动。

我们回来时爸爸刚上的床，他高兴地对我说："今天晚饭我吃得好极了，把所有的菜都吃光了。"我听了真高兴。

晚上写了日记。我奇怪自己的心情竟十分平静，并不那么忧虑，更不觉得害怕。也许是素书楼确给了我家庭的温馨和安全感，也许是我确已成熟，对付这类事情并不觉得太棘手。

11 月17日　星期四　雨

起床又近八时了，父母亲早已起来，继母说父亲昨晚又兴奋地坐起来，询问：我的女儿呢？然后又与她谈了好久。

新闻记者仍来骚扰，特别是那个"新新闻"的杨小姐，我在电话中对她说："我来台是为了探望父亲的，要化那么多时间接待采访，实在太不公平。"

问我在"文革"中"批林批孔"时有没有受到特殊迫害？我告知没有，也不知道她是否还要做文章？

继母要我去拜访一下沈君山先生，他原是台湾清华大学理学院院长，现任"行政院政务委员"。在申请赴台的过程中，继母曾请他帮忙，因为他的父亲和继母都与父亲相交甚深。沈君山主张两岸多交流，他酷爱围棋，热心邀请聂卫平赴台，对我的事也帮了不少忙，继母认为应该去道一下谢。我犹豫起来，一是担心被记者发现，又抓住做文章；二是担心大陆人提出异议，为什么要去拜访政界人士？与她讨论许久，她同意暂时不去，打电话过去说明取消原定的约会，但沈君山却说希望见见我。还可以为我出些主意，于是我就去了。

　　邵小姐陪同去的，但一出门就被一女记者拦截："钱教授要上哪里去？"还问我是否能接受邀请作一演讲，我回答以后再说，又说自己是趁父亲午睡出去买些东西。我们立即溜走，她还在后面追问邵小姐同我的关系。我们一边叫出租车，一边注意着这条尾巴是否已被甩掉。还好一路平安，到"行政院"时也无人发现，只是在传达室等待时有一个背相机的人进来，自称是新闻局来办事的，我扭着头不让他看到我，虚惊了一场，总算化夷为安。

　　沈君山五十出头，一表人才，据说是台湾最有价值的单身汉，四大公子之一。我曾经读过他祝贺聂卫平战胜日本棋手的电报，声情并茂，十分动人。

　　但他同我的谈话却远谈不上动人。他的中心意思是：（1）你第一个进来麻烦多了，如聂卫平先进来，你就不会有任何事了，聂卫平是共产党员，围棋协会副主席……（2）台湾正处于过渡性社会，既不像大陆，又不像英美，要讲法治，又有很多人爱捣乱；（3）向你起诉，是依据台湾的"戡乱法"，1950 年通过的，因此清华大学也成了"叛乱组织"，这与目前的形势和政策不符，但还来不及修改；（4）共青团已退出，大约问题不大；（5）行政方面绝无问题，只是法院如何办，行政不好管；（6）有什么事情要帮忙，要消息，可以找他。总的来说，态度彬彬有礼，平易随和，但谈不上热情，说话逻辑清楚，观点明确，但并无鲜明立场，似乎是客观的分析报道。他与聂卫平有交往，拿出杂志给我看他们的合影。

　　我谈了：（1）将清华大学说成"叛乱组织"，荒唐至极；（2）我不应受台湾规定的约束，我是经正式手续得到境管处批准入境的，何罪之有？（3）我不怕任何起诉、传讯，我有话可讲，有理可辩；（4）新闻界骚扰太多，请他帮忙。

他认识"新新闻"的杨小姐和总编辑，答应打电话去阻止发表文章。

他给了我一份他们的所谓"法"，还用标记示出了对参加"叛乱组织"和知情不报者的惩治办法。

与他的谈话没有给我增加压力，也没有给我消除压力，我确实也不能期望他完全站在我这一边。

送了他一盒巧克力和一双小木鞋，也是继母指示的。

今天的报纸上仍有报道，除部分重复外，还加了一些评论，有人呼吁给钱穆大师一些安静，有人提出不应在枝节问题上做文章，也仍有一些胡说八道。

晚上三姨和三姨夫请客，在"四季港式海鲜火锅店"吃火锅，有牛肉、羊肉、鲜贝、虾、鱼片、菜、豆腐、蛋饺等，比涮羊肉丰富多了，加工也十分细致，最后一道甜食绿豆沙入口即化。席间谈到中国的人口问题，有人赞成大陆的人口政策，有人反对。又谈到对子女的教育，他们都在盼望到香港与居住大陆和美国的亲人大聚会，明后天将分两批出发。

父亲今天问我，你多大了？我说：五十二了，他说：什么？你已经五十二了？又说：再过四十年你还没有我这么大。继母说：再过四十年就九十二了，怎么没有你大？他立即反驳，九十二当然没有九十四大，我又没说差多少。他们两个人的斗嘴很有趣味，爸爸在斗嘴时的反应总是十分机智灵敏。

据说照到我下机时第一张照片的记者获得了 2 万台币奖金。

关于我的新闻居然还上了欧洲共同体的部长会议，是路透社提供的。

以下是父亲谈话的一些记录：

七房桥老宅有七进，每进七间，第三进是素书堂，我与母亲住一侧，另一侧的主人后来决定拆去那半侧，但素书楼未拆，房子从明朝建设，有几百年的历史了。

一个美国人读了我的书，到此地拜访我，还到大陆无锡去看了老家，他从未看过那种房子，回来向我报告了看到的情形，送了我许多照片。

十七岁那年我大病一场，痊愈后去上学，是7月17日，坐船几十里后再换船，买到报纸才知道武昌起义了，但还去了南京的学校，学校一停课，我们想参加革命军。

我们家的历史从明朝开始，几百年了，比美国历史长多了。

你自己的母亲是什么时候死的？那时多少岁？她在外边做事？做什么事？我都记不得了。

你觉得现在的母亲怎样？与你自己的母亲比较怎样？

你一岁多大阿姨就带你，像你自己的母亲一样，你一定要待她好。

原来住的房子我还记得清清楚楚，有一长廊，旁边种满了桂花，还有一个一半在水里的亭子，我天天都要在花园中散步。我们租的时候，房东说不收租金，只要我们负责修理园子和房屋，当时已久无人住，杂草丛生，都是我们去修理的。

我原来的太太还有一个亲妹妹，她现在怎样了？多少岁？

你与北京的哥哥亲近还是与苏州的哥哥亲近？

11.18 星期五 晴

今天出了太阳，小花园一片翠绿，树枝树叶在阳光下闪着晶莹，更美了，我前后左右照了不少幻灯片。

父亲的情绪也很好，而且不停地想吃东西，最喜欢的是甜甜酥，一种意大利长条形的点心，吃两条，喝一杯奶，刚结束不过十几分钟就又想吃了。继母和我都有点担心，不愿再多给他，他却不允。晚饭时只吃了一点粥，吃了一些虾和烤麸，晚饭结束后立即要东西吃，断断续续吃到八点半。上床刚五分钟，又说想吃长条点心，继母对他无奈，只得依他，但改给他吃饼干。他吃完四五块饼干，又说要吃一根长条点心，继母说他吃得太多了。他说："这种点心一天吃十条也不嫌多，实在好吃。"继母说："不能这样吃的嘛。"他立即说："吃饼干吃二十次也可以，我不喜欢的就偏要我吃，我喜欢的偏不给我吃。"继母说："有理无理我都辩不过他，什么都要听他的。"

他今天与我谈七房桥的房子，谈自己到南京去上学遇到武昌起义。又说有一个美国人曾去七房桥看过我们的房子，说得清清楚楚，津津有味。我想记下来，他说不用，"我都已写在书里"。他还告诉我自己是如何打坐的，说自己自幼就锻炼，才能活到如今。我趁势告诉他三哥正练气功，也会打坐，以便让他增加对三哥的了解。

继母讲了很多父亲前一阵的病情，大小便一塌糊涂，洛杉矶有一位张医生，在电话中为他开了药方，服用后居然有好转。张医生警告说20-26日间要特别注意，果真在22日摔了一跤。他一再让继母放宽心，说父亲可以活一百岁，看来还确实有点道理。

午间父亲去睡觉，我帮他脱衣服等。睡醒后起床时发现他的内裤掉了下来，我要帮他穿，他哈哈笑了："我连裤子都不会穿了吗？"但后来继母来了，他一再要起床，继母让他自己起来，他就火了："你为什么这么懒？为什么不能扶我起来？我不会起，摔死也活该。"他生气时我觉得他特别机敏，脑子反应顿时快起来。

今天仍有七八个电话，晚上有一电话告知，又有一人控告我，管它呢，反正至今没人上门来，记者也都挡回去了。

继母鼓励我说要有点牺牲精神，事情出在我身上，我多一些麻烦，以后的人就方便了，可以说是积了德，这倒符合舍己为人的精神。

11 月 19 日　星期六　晴

十时半二舅舅和继母动身去香港，继母向父亲告别："我走啦。"父亲立刻瞪圆了眼："怎么，你不回来啦？"继母立即答："我当然要回来。"他又问："你去几天？"答："十天。"他才不言语了。老人的依赖心理使他不忍见到继母离开，但他仍是理智的。继母虽向往着去港会见兄弟姐妹，对于离开也不放心，交代叮咛了好几天，临走时还说我最不放心的是窗户，一定不要忘了关窗户……

父亲午睡半小时即起，说是下午有客人要来，结果客人到四时才来，是一位听了父亲二十年课的辛意云先生。他说二十年来他只因病请了三周假，还说那次生病，还是父亲和继母带他一起去新竹找了大夫。父亲对大夫说："我这个学生虽然不出名但却是个好人，有一颗好心，你也有一颗好心，就请帮助他吧。"这样才得到治疗并痊愈的。他从二十多岁开始听课，至今已四十六岁，在艺术学院、台北大学等校授课，还给电台讲"四书"等，很受欢迎。他和邵世光给我讲了很多父亲上课的情形，说是"虎虎有生气"，"中国传统成了他的生命，活在他的心里"。辛先生说他第一次来听父亲的课时，他五时许就搭公交车来到素书楼前，为了怕上课瞌睡，他没有吃饭，在门口等到七时，结果上课后感到饱极了，不想再吃饭了。他很随和，健谈，父亲喜欢与他讨论学问。他们告诉我有一个学生将听父亲讲课的笔记称为《开心录》，大多数学生都怕父亲，只有邵小姐比较随便，爸爸妈妈也就特别与她亲近，对她如同自己的女儿一般。与他们这些学生相比，我们做子女的与父亲的关系要疏远得多，对父亲的了解也少得多。这也是社会造成的悲剧。

以下是 17-20 日四天里报载有关文章的标题或摘要，由此可见一般动向：

11.17 《中央日报》

* 请勿再伤害钱穆大师了

* 钱易模式应速澄清

* 检方称，钱易是否涉嫌参加"叛乱组织"，将调查后认定

* 钱易报流动户口

11.17 《青年日报》

*"内政部"称钱易手续完备，"境管局"对于来台探病或奔丧必查明身份，如系共产党员就不发旅行证的做法欠周全

11.17 《中华日报》

* 返乡促进会的何文德捣乱，检举钱易涉嫌参与"叛乱组织"

11.17 《联合报》

* 萧天赞说，"国立大学"是不是"叛乱组织"，应由检察官根据事实认定

* 大师素书楼静溢全失，爸爸鼓励：不害怕，不躲避，坦荡面对新闻界

在素书楼讲课，这是父亲告别讲坛的最后一课

11.18 《中央日报》

* 新闻界采访、批评不断，钱易饱受困扰

11.18 《联合报》

* 国学大师想念女儿，情理上应该给予礼遇

11.19 《联合报》

* 陈水扁告钱易，共青团与共产党有何差异

这几天又有一些大陆人士获准来台，但至今尚未有人到达。

我第一天睡在爸爸的房间里，邵世光睡在书房，我不能安然入睡。爸爸身上皮肤痒，要我擦身，晚上起来吃了一顿外，又坐起来要我擦。我大约只睡了三个多小时，六时他就起床了。他晚上见我起床，说："不要起来，会着凉的。"实在痒得难受，又对我说："请你帮我做一点事。"真有意思。

11.20　星期日　晴

《联合报》杨德中先生来电，要我不要介意报上的宣传及指责，说新闻界也是不得已，应予谅解，他又邀我过些天去他家，说要邀环保界科学家共进餐，可以谈谈。我含糊其辞，只说以后再说。这种场面，肯定又是他们大做文章的机会。

报上的报道比较沉寂了，逐渐地让位给了第二、第三人。叶××取道美国来到台北，昨天下午6:00到达，但她九十九岁的父亲却在凌晨三时去世了，探病变成了奔丧。还有一人在香港与父亲见面，不料父亲在香港病逝，现正等待香港的再入境签证，以便送骨灰来台。

今天有一香港记者来电，说见到台湾报载，要限制我出境。我没理他，事实上今天报上有内部官员表示，如果批准了入境又加以惩办，将有"请君入瓮"的嫌疑，在境外也将造成不良影响，我想后者比较合理，限制我出境是不大可能的。

父亲早饭后说，一天到晚坐着无事可做真无聊，我为他读了两篇文章。他又到书房坐下写起文章来，一个来小时，竟然写了十页。写时下笔一泻千里，手的动作十分迅速，惊讶之余我惊醒了，他的众多著作就是这样写出来的。

饭后大家午睡了一小时多，起床后聊天，十分融洽。特别是谈到了妈妈，他问我妈妈何时去世，当时年纪多大，又问我对现在的母亲如何看法，是现在的妈妈好还是自己的妈妈好。我说这是不好比的，我自己的妈妈为了抚养五个孩子，又要工作又要管家务，十分不容易；现在的妈妈无微不至地照顾爸爸，也不容易。

他问我，你的妈妈做什么工作，我答：小学校长。他竟大吃一惊的样子。我问父亲要不要洗澡，他欣然应允，用两个电炉加热了浴室，放好了热水。他可以自己跨入浴池洗澡，我帮他擦背，他高兴地说：这是第一次有人帮我擦背。他前前后后上上下下地用沾水的毛巾擦，不用肥皂，也坚持不要我加热水，九十四岁的老人能这样干实在让我惊讶。洗了约半个小时起来，也是他自己擦干的。他连声说，我太开心了，洗了一个澡，我已经很久没有洗澡了，还说昨天痒得难受，我曾想起要洗澡，现在真洗成了。

晚饭后他小睡了一小时，醒后要求吃东西，吃了三块酥饼。晚8:30上床，我洗好澡进屋，他告诉我说睡不着，而且不大舒服，真把我急坏了。后来邵世光来为他作了背部按摩，他才舒服了，看来是由于吃多了。

一夜安然无事，他也没有再吃东西，我也睡得很好，太疲劳了。

11.21　星期一　晴

今天爸爸精神不大好，嗜睡，少说话，但吃得仍很好，也不是老要吃点心了。

他今天只是一个劲地说，自己什么都忘了，连这里是外双溪都不清楚了，好像到什么地方去了一趟刚刚回来，也好像是到这里来暂住一阵。他说九十岁过生日的情形记不得了，《师友杂忆》中记述的事，现在要别人讲了才能想得起来了。邵世光对我说："难怪师母说过，会有一天他早上起来对我说，你是谁啊？"

《联合日报》的杨汉之和陈美琪夫妇送了两盆花来，祝贺我来台享受天伦之乐。后来又来了一个电话，说听说要开庭审理我的案件，要我作好思想准备。邵说可以拒绝出庭，这正合我意，我为什么要被他们牵着鼻子走？我是正大光明办了手续进来的，凭什么上他们的法庭？

来了不少工人为花园作整修工作，好奇地向楼上看我。我等他们离去后在花园里散步，台阶六十二级，汽车道五六米宽，道旁柏树二十三株，花园里棕榈树三棵，已高达七八米，山茶花十余棵，还有很多叫不出名的树和花。

我今天的精神也不好，时觉困倦，午后大家睡了近两个小时。

父亲晚上睡得较早，且很安稳。

11.22　星期二　晴

父亲这两天一早起来就坐按摩椅，我也试了试，确实很有劲，想必有用的。

今天上午他仍嗜睡，少说话，下午郑小姐来访他才兴奋起来，讲了不少话。说起自己曾游泰山，学生们为他叫了轿子，他却一口气爬上了山顶。下山时才坐轿子，但没走几步轿子就出了点小毛病，停下来修理，然后轿夫们快步加飞地将他抬下了山。还说他曾在庐山住过一些时候，在一座和尚庙的茶室里喝茶，一个和尚躺在椅上不理他们，等众人走了，父亲就去问他：你什么人都不理，连招呼也不打，是什么规矩？和尚被他说得羞惭，就带他进庙，又到庙后游了很多风景点。他讲来如历其境，十分生动。父亲笑着对我说：你来后一直陪着我，还没出去玩玩，倒是很明白事理的样子。今天三次问我：我的太太哪里去了？和谁一同去的？什么时候回来？告诉他后他竟说：她没有详细地告诉我。其实肯定是他忘了。他自己也感叹，我记性太坏了，幸亏八十岁时写了《八十忆双亲》和《师友杂忆》。

据说有人建议要限制我出境，有的报上还登了"来时容易去时难"，真是岂有此理，想来他们并不会如此办，他们的态度还是比较合理的，现在还打算开放学者专家（有杰出贡献的）及文艺界人士来台，如果我的问题不合理处置，以后一定会有问题，现在探病奔丧获准的已经有 103 人了。

电视报道了"立法院"会议一片混乱的情形，政党间相互攻击，吵成一团，主持人不断地敲铃。休息时一个女"议员"跳上主持人座位……民主并不是想象的那么可爱。另一条新闻说大陆影像带在此属禁品，但可在学术会议上放映，受到大家欢迎并偷偷流传等。

11.23 星期三 晴

父亲盼望有人来访，今日盼来了四位：台北故宫博物院的原院长蒋复聪，文化大学的曾校长，文化大学教授程光裕和宋晞。蒋院长年已九十一，比父亲只年轻三岁，但精神好多了，来后不停地说话，思想也很清楚。他说自己曾担任北京图书馆馆长二十四年，台北"中央图书馆"馆长二十八年，后又在台北故宫博物院工作了八年，并十分自豪地讲自己为这些图书馆收集了多少书。

也许是由于与客人的谈话使父亲的思维活跃了起来，夜间上床时他忽然又讲了很多话，关于二哥、三哥，关于他的学生和朋友。

今天又是好天气，我在花园中散步，走了五圈，每圈 270 步，一共 1350 步。

11.24 星期四 晴

天气依然是那么晴朗，在楼廊上远望一片翠绿青山，实在是非常的美。

父亲今天精神特别好，6:30 穿着完毕后去坐了半个小时按摩椅，然后就在楼廊上散起步来。走了四个来回共一百步，发现有一些脚步不稳后，坐下休息了一会。接着又自己走到书房坐在书桌前表示要写文章，并且一口气写了近两个小时，写得共十页，真令人吃惊。写作时他是那么专注，不时停下笔思考着，眼珠转动着。他写的是西方与中国在概念和政治制度上的不同。

也许是思考太多，午后他仅睡了半小时，起来就说，这时候最好是有人来谈谈。老人的特点就是这样，希望自己不要被遗忘，需要有人来交流。他今天早上有东西可写，就是因为昨天来了四位客人。上次辛意云来访后，他也曾写了一上午。

今天中午还来了一个父亲的学生，说是见到报纸报道专来看望的，六十二三岁，是早期的新亚学生，现在台中做县督学。来后说个不停，一副同情我的样子问："你在大陆很辛苦吧？"后来我才明白他说的辛苦是痛苦的意思。

因为他说，听回去探亲的人说，陕西的老百姓辛苦极了，生活很艰难。台湾人现在有一种高高在上的优越感，总觉得自己的生活比大陆人好得多，总觉得大陆人苦极了。我受不了这种优越感，对他进行了反驳。

11.25　星期五　多云

父亲的健康天天在进步，今天发现他对周围事情的兴趣增强了。电话铃响了，他要问谁打来的？我们在说话，他要问你们说什么？我们看电视笑出了声，他又问你们笑什么？他今天想起自己与蒋介石的会面，说："我从不去拜会政治上有权力的人，是他自己来拜会我的，每次谈话都是一个多小时，可惜当时没记下来说些什么。"又说："李登辉也曾来过一次，但现在不来了。"他还是很介意别人对他的态度的。

他今天问我已到台几天，还要停留几天，又问我多大。听说我已经五十二岁，又惊讶地问：什么？已经五十二岁了？这种时候又表现出他还是不大清楚。

今天报道了李小侠和许松林抵台的新闻，他们一个是农民，一个是工人，没有像我那样受到过多的注意和质询。昨天和今天都没有记者来电话，看样子人们对我的兴趣也已经减退，我可以有些自由了。

11.26　星期六　阴

爸爸一天平安无事，下午有辛意云来陪他聊天，他就不感到太无聊了。午睡两小时许，饭也吃得多，只是要上床睡觉时突然说：那个男的（指辛）要在这里睡觉吗？又问我："他是你们打电话要他来的，还是他自己来的？"说明他十分计较别人是否还想到他。辛意云对他说，有一位留德的学生回台来买了不少爸爸写的书，他听了十分高兴。

今天我看了父亲九十岁时在东吴大学演讲的录像，讲了两个多小时，声音仍洪亮，讲话很连贯，还常辅以手势，现在可真是不可同日而语了。我看了很为他悲伤，他的这种威风恐怕是再也回不来了。他自己看不清，听不清，但却感兴趣，还说要我让妈妈也看看。

最不好的是又有记者来电话（《自由时报》），询问我是不是人大代表，又不知他们是哪里得到的消息。邵世光挡了驾，但我的平静又被打破了。我现在是越来越不喜欢台湾的制度和人们的心态了，他们又骄傲，又自悲，为什么他们对大陆人的戒心如此之强呢？这正是他们缺乏自信的表现。我是大学教授，他们就在共产党员、人民代表上做文章。李小侠是农民，他们又在她是文盲、她的个子比兄姐小上做文章。总之，想贬低、排斥大陆的一切。我真是个受害者、牺牲者，他们自称是自由世界，我来了又有何自由可言？

父亲依赖我、使唤我已成习惯，今晚 10:30 后醒来没见到我就不高兴，我回来后向他解释我是去给继母打电话了，并告诉他继母问他好不好。他立即说："好什么，今天就不好。"我说："怎么不好？"他说："醒过来旁边没人。"我担心继母回来后会觉得负担更重的，她要应付外面的事，也要管理家里的事，照顾他当然不可能如此细致。

收到一封来信，对我表示同情和支持，还给报馆投了稿。

11.27 星期日 晴

今晨父亲起得晚，十时才穿着完毕。上午他又伏案写作，下笔十分快，神情十分专注。写好后我对他说，你最好为子女和孙儿女辈写几句话。他说："我写了这么多，还要我写什么？"我说："我的意思是专门写几句话。"他说："专门写几句，我不会的。"他写的又是比较中西方对时间的概念，我还没有仔细读，要辨认他的字迹也很不容易。

从电视和报纸可以对台湾的社会有一些了解，当然还是十分肤浅的。其实两岸共同的地方还真不少，如庆祝游行、游园会、组织外国人演中国文艺节目，等等。但不同的地方则更多，甚至连很多词汇都不同，我作了一些记录。如大陆叫"文艺"，台湾称"艺文"；大陆叫"熊猫"，台湾叫"猫熊"等。电视中的专题访问比大陆多，接受采访的多是教授、专家等，而且年轻的多。辩论也多得多，"立法院"会、"行政院"会、座谈会、讨论会，一天到晚在争辩，不同意见有机会表达但不少事议而不决。

一天都在盼望继母回来，邵世光亦然。十天一眨眼过去，我们总算顺利地完成了任务，父亲的健康是在好转。父亲也问了好多次："我太太什么时候回来？"但到晚上 8:30 却一定要上床了。结果继母是 8:45 回来的，谈了不少香港会亲的情形，他们一共二十一人，大陆出来的有十一人，真不简单。他们天天晚上到 2-3 点才睡，嗓子都累哑了。她给我买了两件毛衣，很漂亮的。

今天又是好几个记者的电话，据说是"立委"黄某查到我是江苏省人民代表，他的哥哥是政协委员，没获准来台湾探亲，他要告我，主要为达到自己的目的。我真怕这些人的纠缠，今天有香港记者、美国记者、台湾记者来电，都是邵世光推挡掉的。

以下是 11 月 20 日以后报刊上一些文章的标题和重点摘录：

11.20《中华日报》

* 关于"叛乱"的定义困扰大陆人士来台，"高检处"近期将明确予以规范

* 台湾"高检处"主任检察官钟革表示，如果当局已准许大陆人士来台探病奔丧，而此间的法院又予以拘捕、审判，不但会给人有"请君入瓮"的错觉，而且对于国际视听也有负面的影响

11.20《中华日报》

* 来台身份已到厘清时刻，如果仅以共产党员做取舍标准，将没有杰出人士可能有机会来台访问。

11.22《青年日报》

* "高检处"称，钱易是否涉嫌"叛乱"，还在了解情况中

* "高检处"表示，目前就钱易是否"涉嫌叛乱"正在积极了解中，在没有掌握证据前，不准备采取限制她出境等行动

* 陈水扁、何文德二人先后具函控告钱易曾参加共青团，称钱易

有"叛乱"之嫌，但他们举证来源为报载钱易本人的自白，实不能作为检方侦办该案之依据

11.23《联合报》

* 吴相湘指斥官员官腔官调，因为他们竟然称清华、北大为"叛乱组织"

* 既然大家已经不再谈"匪区""共匪"等名词了，若对清华大学是否"叛乱组织"还需研究的话，那么以后大陆学者、留学生有谁还敢来台湾？

* 为什么这样一个可说是"硕果仅存"的读书人（指钱穆）还要受到这样的折磨。

11.28　星期一　晴

昨夜睡在沙发上，今早仍伺候父亲起床，坐按摩椅，让继母休息，她睡到十时才起。她说在香港的九天，每天到夜里二、三时才睡，太疲劳了。父亲今天一天正常，早饭后睡了许久，午饭由继母做了汤、菜，吃得很多。

我不在家时父亲问继母，我的女儿呢？又告诉她说：你不在家时我的女儿待我很好。

台湾中华工商联合会打算邀请大陆十大杰出人士来台，其中有钱伟长，但其他报纸对此有批评。继母这次去香港见到了他。

11.29　星期二　晴

今早起床才知，父亲夜晚弄翻尿壶，被褥全湿，早起又将大便弄在身上，还搞到地毯上。继母正在忙着洗刷，半夜没好好睡。我真觉

得奇怪，就像大阿姨专门在我在家时犯病一般，父亲在继母不在时一切正常，她回来一天就出事。她也真够辛苦的，我最多只能帮她几天，却不能为她分劳长久。

郑小姐陪我去参观台北故宫博物院。博物院虽然是仿照北京故宫大殿的外形及场景建造的，但内部装修全部是现代化的，色彩太鲜明，因此参观时全然没有参观北京故宫博物院时那种访古的感情。博物院分室展览古代的绘画、玉器、漆器、青铜器及各类文物，从布置、说明、幻灯表演等方面看，是组织得不错的。我惊讶当年从大陆撤退时竟不忘带走如此多的珍贵文物，据说展览的仅是一小部分，大部分存在仓库中，每周会更换一批展品。每一个展室都有一章文字说明，供参观者自取（中英文两种），也是好办法。博物馆原是为纪念孙中山而建的，因此称中山纪念馆。楼内一层大厅里有孙中山穿长袍马褂的站立铜像，三层还有一孙中山铜像，是按南京中山陵的铜像复制的。博物院外建立了一个仿宋的花园名知善园，也修整得很好，只是不能和大陆的花园相提并论，显得那么小，简直是一览无余。

台北的冬天真好过，我来后除了三四个阴雨天外，一直是大好晴天，气温从23-25℃下降到18℃左右，这里就有人叫起来了，其实还是非常舒服的，早晚凉一点，穿一件薄毛衣也可以了。今天在阳光下散步，实在宜人。

钱易台北探亲中，与继母等亲友散步合影

香港英文《大华早报》记者在电话里与我谈了几句，我只是敷衍而已，她已经打来了不止十个电话。今天参观台北故宫博物院时，一个坐在闭路电视前监视的青年人笑着对我说：是钱易小姐吧。对于他友好的问话，我笑着点头作了回答，想来不会引出麻烦来。

继母和邵世光去买菜，我陪父亲。拿出三哥的来信念给他听，我读着读着都动了感情，眼睛湿润了，声音哽咽了，他也似有所动，没有再说什么，只是嗷嗷地应着。还问我："他在清华工作多少年了？"听说已经工作了三十五年，又说，那是老教师了。

今天读到星期日的《中国时报》，有一篇文章标题是："钱易担任中共人大代表，黄天福指境管局有包庇之嫌。"但这两天其他报纸并无转载。晚饭时又得知《联合报》登载了"钱易之堂兄钱伟长……"，报道了伟长哥关于促进统一的谈话。

我真担心又会掀起新的波浪。邵世光说："别以为你是堂兄的先头部队，来台湾搞统一来了。"继母倒沉着，她说："反正我今年计划做的大事都成功了，你来了，我们的探亲也结束了。"我说："还得把我送走呢。"她说："对，还得把你送走。"但问题不大。

11.30 星期三 晴

谢天谢地，各报都没有转载伟长哥的讲话，看来新闻界对我的兴趣已经淡漠了。

在台北的街上行驶，可见到街道两旁的店铺鳞次栉比，店铺前都挂着大字招牌。因为铺面都很小，招牌上的字都很大，因此显得很热闹。

晚上二舅、五舅、五舅母、三姨、三姨夫、四姨、四姨夫、八姨、八姨夫和小姨请我吃饭，是叫人送家的，称为"外烩"。只见他们只来了一辆出租汽车，就运来了全部器具、食品，而且只来了两个人。菜做得十分好吃，爸爸也下楼来吃了饭。饭后他们兄妹谈了许久去香港会亲的情形，都夸继母能干，说这次她最辛苦。

继母又和我谈到深夜，她说父亲对于我这次来是很满意的。

12.1 星期四 晴

今天下午由邵世光陪我去"中央图书馆"参观，乘坐了东吴大学的校车进城，居然没有人发现我。"中央图书馆"位于中正纪念堂对面，中正纪念堂两侧是音乐厅和剧院，正前方有一纪念牌坊。虽然广场不大，建筑还是相当有气派的，色彩也强烈鲜明。原来与图书馆秘书顾力仁先生（父亲的学生）联系好，请他允许我进门即可，但他不

父亲在素书楼

仅从头到尾陪伴着我，还告诉了图书馆馆长，因此王馆长也出面接待了我，还让我在贵宾簿上留了名。图书馆的建筑很好，共七层，中间有一天井自屋顶自然采光，藏书共一百五十万册，其中有十四万册从南京中央图书馆带去的善本。

王馆长讲：他们时刻准备有朝一日会将这些书搬回南京去。他们对自己的管理十分骄傲，说灯泡定期更换，不等它们坏，玻璃三个月擦一次，比眼镜片还干净。

又说对书本的保护最重要等。馆中全部空调，还有各种先进的设备，看后深刻的印象是图书馆的确是由有理想、有事业心的内行人在管理。

为了不愿意触及太敏感的部位，我们没有去参观中正纪念堂。

顾力仁先生很干练，善讲话，不时将我介绍给图书馆内的职员，还说："他们高兴高兴。"最后还与我合了影。他们都不与我谈报上提到的种种事，相反却都是热情诚恳、彬彬有礼的样子。

与继母商量，决定十二日回荷兰。她本希望我多住些时，但我牵挂着试验，太晚回去不好。在这里虽已习惯，但什么事情都不做，也感不安。她已为我打电话到华航订了座位。

12.2 星期五　晴

今天继母去送美琨阿姨，我在家陪伴父亲。再为他读三哥的文章，上午读了一篇，下午读了两篇。我虽完全是外行，但也觉得三哥写的文章逻辑清楚，文字简练，观点也很鲜明，对古代思想家的理论有清楚的阐述。爸爸听了未表很明确的态，但当继母问他，你上次不是说他有进步吗？他说："那就这样告诉他好了。"他还曾说过，他是聪明的，能读书。我也看得出三哥真下了功夫。我为读三篇文章，嗓子都觉沙哑了。

继母还给我看二哥、三哥的来信。现在我有些体会了，父亲在与子女相处中最关注的是：（1）要充分认识父亲的为人；（2）要好好学习领会父亲的学问和思想；（3）要报道自己的学习和工作、心得体会及问题。只可惜我们领会得太晚了，没有能够早些让父亲满意。

谈到报界对我的种种骚扰以及何文德、陈水扁的上告，继母说，也有好处：（1）你陪爸爸的时间多了；（2）对记者的采访有理由推辞了；（3）促进了与大陆来往的各项政策的推行。据她说，我来后很多事情进展极快。

12.3　星期六　晴

父亲早饭后一直不想说话，躺在沙发上睡觉。继母原计划去阳明山玩的，也不敢叫他。十一时他醒来后，继母对他说，你怎么老睡觉，我们本想去阳明山也没能去。他立刻瞪大了眼，啊呀，你们怎么早不叫我，你们都不理我，我当然只好睡觉。于是立刻叫开饭，而且宣布不午睡立即去。阿青的饭拖到十二时十分才开上来，他急得一再追问，吓得我们都跑下楼去帮忙。

一时许出发，由继母开车，邵世光同行。先去阳明山上的中国文化大学转了一圈，这是爸爸任讨教的地方，后来又在校门口的一家敦煌餐厅的二楼喝咖啡。我们坐在临窗的座位上，可以眺望到远山近树，风景很美。父亲高兴极了，我为他照相，要他笑一笑，他立即笑起来，十分可爱，一副慈祥和蔼的样子。我们坐了两小时左右，吃了一些点心，照了不少相。

四时许回家，有父亲的学生郑小姐、辛意云、戴进贤等共九位陆续来，他们今天联合请客，也是请来的"外烩"。父亲休息了一个多小时才下楼来，先是问及辛、戴的婚事，他们二人分别为四十六岁和三十八岁，都还没有结婚。父亲大不赞成，说："三十而立也包括成家，家都成不了，怎么能搞好事业？"接着又讲起封建社会的"义庄"来，说这是中国式的共产主义。他反复地阐述自己的思想，不断重复着同一个意思，讲得很长，很清楚。这些学生们都屏息倾听着。我来二十天了，还第一次听到父亲讲这么多话。

钱易台北探亲，陪父亲继母与素书楼弟子合影

　　九位学生中除台湾大学韩教授外，其他都比我年轻，大多在大学工作。中山大学的戴进贤和辛意云都已听父亲讲课二十年，其余也大多听了十多年，真不可思议。饭前、饭间和饭后的谈话很热闹，话题也广泛。谈到我的来台，都说我已经成了新闻焦点人物，也都觉得记者无理，民进党捣乱，台湾当局矛盾百出。他们认为台湾人去大陆，大陆并不问谁是国民党员，大陆人来台，也不应追究谁是共产党员。又说把清华大学视为"叛乱组织"简直是笑话。陈美智是报社的，原来还想安排记者与我见面，经过今天的闲谈，大约也不好意思再这样做了。

　　今天还收到一封很有意思的来信，是同济大学校友会邀我去吃饭。他们对报纸上的谬论和纷扰十分气愤，想给我一些安慰，还为我出自同济大学而感到荣幸。想来也都是一些老先生了。我决定去参加，与他们通了电话。

12.4　星期日　晴

我在家陪父亲。上午谈了不少话：（1）我问他要不要二哥、阿六来台，他说看机会再说；（2）关于要不要去大陆住一阵，他也说现在不知道，要等机会；（3）又回忆了苏州的老房子、大阿姨、小阿姨，说大阿姨曾帮他抄过《史记地名考》，记得小阿姨的丈夫是淹死的，（4）说伟长哥了不起，谈了他的大致历史；（5）我问他我来台他是否高兴，他反问我：你看我是不是高兴……谈了近两个小时，很和谐，他的头脑也十分清楚。

继母回来吃午饭，今天秘书和工人都休息，家中显得特别冷清。继母说他们十几年的生活一直是这样度过的，白天改稿工作，晚上看看电视。又说："你在这里还好些，你走后我们又要冷冷清清的了。"

下午父亲洗了澡，有继母在，他不要我插手了。

又开始有记者来纠缠，想让我谈大陆的环境污染，一是《世界论坛报》，一是《联合晚报》，都拒绝了。

父亲谈到台北，说这样的地方也可以当"国都"？真是蹩脚。北京、南京才是国都。又说：我是有脾气的，为什么一个人跑出来，就是我的脾气。当年反对两个人，一个是主张学美国的胡适，一个是主张学中国自己的我。

12.5　星期一　晴

今天由邵世光陪同去新竹清华大学，搭了她朋友的便车，张立副教授在校门口接了我们。从九时半到十一时半，他带我们在校园里参观，看到了纪念梅贻琦的梅园及其坟墓，蒋介石为他题了字。看到了图书馆及校史纪念馆，其中有历届校长的照片，总共有二十多位，但对梅贻琦的介绍最多。又去看了校园内的一些风景区，包括郁郁葱葱的小山、碧波涟漪的小湖，还有缩小了比例的清华园牌坊（二校门），大约高 2.5 米，宽 2.0 米，周围放了不少盆花。张立和邵世光为我照了不少相，我自己照了不少园景照片。在路上他为我介绍了台湾清华的一般情况，这里只有学生 3000 人，研究生占一半左右，教师职工只有600 多人。校内有工学院、理学院、人文学院等，但没有土木建筑类的学科。他自己是历史研究所的。

正当我们去看学校的书店时，遇到了他的两个女学生，向他鞠躬行礼，他立即问我想不想去看看学生宿舍。我表示愿意，他就向学生们介绍了我，两个女孩子很高兴，带我去看了她们的宿舍"善斋"，楼前挂着"男宾止步"的牌子。原来这里清华的楼房都保持了北京清华楼房的名字：明斋、平斋、新斋、诚斋、善斋等。宿舍内小房间约九平方米，住两个研究生，楼内有公共浴室、厕所和厨房。张先生邀我去吃饭时，问她们二人愿不愿意同去，她们说不好意思，没有去。但当我们在教师餐厅"水木餐厅"坐下后，两人又匆匆来了，说是很想听听北京的故事，还是决定来了。午饭时谈话很活跃，谈两岸大学的学生生活、女孩子择偶标准、中小学教育情况……

下午去市区前我们先参观了台湾交通大学和科学园区，前者也很漂亮，不过校园布局比较整齐刻板，后者是各种高科技的工厂，当时我坐在车上很困倦，没留下深刻的印象。

想想很有趣，我竟是第一个来到台湾清华的北京清华人。继母说以后你能以学者身份来台就好了，我想这是十分可能的。

12.6　星期二　晴

等邵世光和阿青来了，继母和我才出门，已经九点多了。她驾车带我先去了"摩耶精舍"，即张大千纪念馆，是利用他的故居改建的。那是傍山溪建造的一座二层楼房，还有一个小花园和一个小天井。在他的画室内，有 个栩栩如生的蜡像，是正在作画的张大千先生，我在他身旁照了相。楼下是客厅、饭厅和厨房。却没有展览他的作品。小花园里堆满了各式各样的石块，种满了各种树木花草，还用塑料作绿草。纪念馆馆长再三介绍说：这棵树是印度运来的，这块石头是巴西运来的，那块石头是美国运来的……正如继母所说，这座花园是用钱堆起来的。除了在峡谷山溪旁的一座亭子外，我真不喜欢这种人工雕琢味道太重的景致。这里的维护费很贵，但参观的人很少。继母说："张大千会搞钱，爱交际。"他家中的厨房很大，还有野餐、烤肉的地方。介绍者说，他爱热闹，经常宾客盈门，如果他能安于静心寡欲的生活，也许还能活得更长一些，他享年八十五岁。

继后又去看了林语堂纪念图书馆。这所房子与张大千纪念馆很不相同，朴素多了，也更开朗。这是一所西班牙式的房子，二层，除了书房、客厅、展览室、图书室外，有一个长达 3.5 米左右的外廊，可眺望远处的阳明山、七星山等。据说过去那里楼房很少，现在却盖满了高楼，天然的和人工的景色交相辉映，十分动人。林语堂的墓就在小花园中，墓碑上"林语堂先生之墓"七字，还是父亲的手笔。图书馆没有读者。门口接待的小姐要求我们签名，她一见我的名字就笑了。不一会馆长就来热情地招呼我们，带领我们参观，他是一个十分腼腆的小伙子。林语堂先生后来就搬到香港去住了，他是在香港去世的。

继母又说了想搞基金会的事，说希望在太湖边建素书楼，将父亲葬在其旁，以后可以到那里搞中小学教室培训活动，请国外的人讲课等。我们一定要努力帮助她完成这一番事业。

12.7 星期三　晴

爸爸一切好，但说话少，只是偶尔问我："你什么时候回去？到哪里去？"都是问过好多遍的。继母上午忙着做萝卜糕，要我去学。我问爸爸是否喜欢吃，他说点心我都喜欢。我又问："爱吃甜的还是咸的？"他说当然是甜的，又说："我最好不要吃饭，每天吃点心。"

白天去拜访了几位长辈。8:30 回到家，爸爸已睡下。有 ICRT 记者来电想采访，我婉言拒绝了。他十分通情达理，连声说："I understand. Take care."不像有的记者一味穷追不放。

12.8 星期四　晴

曾经听父亲课的韩复庭是台大历史系的教授，他向他的邻居、台大环境工程研究所的所长曾四恭教授谈起了我，热情地为我约定了今天的会见。曾四恭大约只有四十多岁，台湾本地人，热情地邀我们到了他的办公室，足有三十平方米，书架、沙发、办公桌，以及点缀的植物，很舒适。一坐下他就谈到，曾见过清华大学环境工程系的介绍，你们有很大的工作规模。他又说：据我们了解，美国的环境工程都是从土木系中的卫生工程转变来的，最多四五位教授，我们台大的环境工程研究所有八位教授，已经觉得是很大的规模了，但你们的规模比我们更大。他也送了我一本介绍台大环境工程研究所小册子，翻阅后才发现，他本人是搞生物处理的，而且只有他一人在搞生物处理。他们台大不收环境工程本科生，只有四十名硕士生和十多名博士生，目前也有不少委托任务，评估开会等，十分忙，看了一下实验室，规模较小，但分析仪器不少。他们所里有专门搞环境景观和绿化的教授，因此楼内设计了一个庭院，还有楼顶小花台，都很漂亮。曾教授表示很愿意与大陆同行交流，曾经议论过组织一个团去大陆访问，我表示热烈欢迎。

从环工所出来，韩先生又陪我看了台大校园，并介绍我与台大图书馆的王先生认识，由他带着我看了文学院图书馆、研究图书馆和工学院图书馆，还有拟建的总图书馆的石膏模型，印象最深的是台大的椰林大道和工学院图书馆的计算机管理。前者与清华的南北大道相似，只是椰树挺拔高大，别有一番风味，当然其树叶不如白杨般茂密，树荫就相应地小了不少。图书馆的计算机管理非常先进，每本书每个读者都有一个代号，只要用电笔在号码上一划，计算机就可以进行借、还、续、预订等业务。为我介绍的是一个香港学生，也很热情友好。王先生虽然已年过六十，却十分健谈活跃，他是四川人，是原同济中学毕业的，与我攀上了校友。又谈起他今天下午要参加教职工合唱团活动，我说我也是清华老教师合唱团的团员，就更觉亲近了。他有一位姐姐在北京，也打算回去探亲。

午间韩先生夫妇请我们在教员食堂吃了西餐，韩太太是本地人，娇小玲珑，年轻秀丽，谈吐也十分文雅亲切。她为了丈夫和三个孩子放弃了工作，是贤妻良母型的女性。席间谈话很自然，又谈到师范学校在台湾很受年轻人的青睐，是文科类中的头名。

吃罢午饭匆匆赶去台北音乐厅，由邵世光的朋友于复华带领我们参观了音乐厅和台北剧院的前后台及休息厅等，实在可以说是豪华富丽，建筑十分美，功能也十分全。刚建成一年，但台湾却少有专业的演出团体，不能匹配上如此漂亮的剧院。我说希望今后大陆的演出团体能来此表演，邵世光说你不要来此统战了，于则说：以后是有可能的。因为于先生2:30要开会，参观进行得十分快，他希望我能看一次演出，但这次是不可能了。

归途中邵世光带我又去参观了东吴大学对面的"中国电影文化城"，有恐龙馆、蜡像馆和各种拍电影需要的外景地，如城墙、民宅、店铺等，颇有趣。蜡像馆中都是历史人物，而且多为中国人，塑造得生动逼真，很好，但不许摄影留念，记得的蜡像有：孔子、孟子、汉武帝、王阳明、林则徐、秋瑾、于右任、蒋介石等。

五时许回家，继母告知父亲又有点消化不良，大便又弄在裤子上，她又辛苦了半天。晚餐吃了萝卜糕。饭后父亲小歇片刻就想上床，继母希望他晚些上床，早上可以晚些起来，他坚持八时就要洗脚上床。我和继母在房里看电视。

12.9　星期五　阴雨

上午十时许风云突变，法院派人送来了传票，要我于12日上午9时到法警室报到，接受"涉嫌叛乱"案的质询。继母无奈，接了传票，紧张地对我说：你走不了了。然后立即打电话给亲友们包括邵世光，原想推迟机票日期，邵世光说不必，能走得了。一上午打了好几个电话，沈君山先生答应去询问后，下午来此商量对策。邵世光有朋友在法院工作，说可以提前去报个到，仍然在12日离台。我们不知会发生些什么，但我确信不至于坐牢，心情依然平静。

下午沈先生带着台大人文社会科学院的李亦园教授一起来，他们二人是密友。李先生现在正在负责审查邀请大陆杰出人士来台访问的名单。晚饭前和席间大家任意谈着，但他们对我提了很多问题，例如：你认为怎样才称得上大陆杰出人士？科学院与社科院什么关系？环保局的地位？你怎么当上人大代表的？人大代表有没有工资？你是否常去江苏省？你认为清华大学有什么人够得上杰出人士？参观新竹清华大学有什么感想？——我一一应答。

继母做的鱼头汤很受赞赏，客人都吃得很多，也转移了谈话的方向。父亲也下楼一起进餐，又发表了一通对"义庄"的见解，说是"中国式的共产主义"，"中国没有资本主义，但共产主义却比西方更

父亲与继母在素书楼红枫树下

早"。客人们只是恭恭敬敬地听，并不发表意见。

饭后父亲先上了楼，沈先生才开始与我们谈起实质问题来，他说现在关于我有四个案件：(1)清华大学教授；(2)共青团员；(3)人大代表；(4)环保规划委员(传说我是国家环保局规划委员会成员)。其中最严重的是人大代表，因为全国人大是最高权力机关。我作了一些说明。他说，这些案件都是民进党或其他人为反对台湾当局而控告立案的。因为台湾的"戡乱法"尚未修改，因此可被这些人利用，我如与他们计较辩论，不仅耗时长久，而且十分麻烦。如陈水扁，就是台湾的一个名律师，他自己曾经涉嫌叛乱入过狱，因此想借此大做文章。当我们问他该如何办时，他说最好还是快离开为好，他的这个想法也是同其他官员商量过的，他们面对这些人的捣乱没有办法，认为我走后麻烦也许会少些。我们商量到12日要不要去法院时，他起初是认为不必去的，他担心我会被当作现行犯拘留起来。他婉转地提到最好是走得越快越好。经过查询，发现明天就有一个航班，于是大家一致同意争取明天就走。

沈君山是高级官员中的无党派人士，极主张两岸多交流。他与聂卫平交往甚好，但聂卫平两次过境他都不敢去见面，托《联合报》记者程川康带了一封信和一本光华杂志去机场交聂卫平，却被程川康以"一封无法传递的信"为题暴露于报纸，大约程为此得了奖金。我问他："难道他不怕得罪你吗？"他答："现在是官员怕记者，如果我对他采取什么措施，他就会对我更厉害了。"沈君山原是台湾清华大学教授，与梅贻琦校长一起筹建新竹清华的。

他们二人是九时许离去的，他们走后，继母、邵世光和我又进行了讨论。邵世光又给在法院工作的朋友去了电话，他已与负责我的案子的孙检察官商量过，中心意思是：(1)还是去报到一下好；(2)去法院绝无安全问题；(3)可以提前去检察处，提前离台；(4)为了保护自己，没有据实陈述的义务，即可以否认自己是人民代表。如承认，麻烦会很多，如否认，对他们、对我都有好处。我们决定照此办理。

我们又谈了很多离台后必须做的事，决定对境外新闻界也要采取冷处理，不能给台湾造成制造新闻的机会。继母很坚强冷静，再三说："要想到这是我们为更多大陆人所作的牺牲，我们受一点委屈，今后就会有更多大陆人得以来台探亲。"我也说："这是我增加生活阅历的一次机会，没什么了不起。"她还说："如果按照现在的规定，简直没有人陆人可以来台湾了，较高层的知识分子往往不是共产党员就是人民代表、政协委员，还有什么主任、处长等。"我们谈到，我走后，她将在此面对新闻界和民进党人的骚扰，我则要准备好欧洲记者的包围。继母说也许台湾记者会追踪而去的。总之，要硬着头皮去应付一切。

同济校友会的聚会不能去了，真是一件憾事。上楼简单委婉地告诉父亲我必须提前离去，他躺在床上瞪大了眼说："喔？真是荒唐。"又说："为了少些麻烦，早走两天也好。"可怜的老父亲。

12.10 星期六 晴

今天是战斗的一天，充满了新鲜的挑战和应战，都一一获得了胜利。

八时许与邵世光一起乘计程车先去她家，将去华航重新订今晚座位的事委托了她妹妹的男友许国才和她的妹妹小正。然后二人一起去法院。孙检察官接待了我们，起初他把邵世光误认为钱小姐了，弄清楚后他先对我讲，你不在此生活不了解此地的规定，我要先向你作一些介绍。他讲的中心是：（1）有人告你，主要是清华大学教授和曾参加共青团，因为"戡乱法"尚未修改失效，我们不得不受理；（2）按照"戡乱法"，你涉嫌"叛乱"，要判十年以上至无期徒刑；（3）你可以自己选择回答是或否或拒绝回答，最好是不要拒绝回答，你自己应明白回答的利害关系。他接着要求邵世光离席，开始了问话，台子上放着一台录音机，旁边坐着一个书记员作笔录。

他开始问话前我要求问他一个问题，我问："我是否有权不接受法院的传讯和你的询问？"他答曰："不。大陆是属于中国的一部分，即使是海外的有了外国国籍的华人，只要他没有放弃中国国籍，也仍然是中国的成员。"真是一个中国的理论和哲学，我无可辩驳。

以下是孙检察官的问话和我的应答：

你的姓名是钱易？

是。

你是 1936 年 12 月 27 日出生的？

是。

你是江苏无锡人？

是。

你是否是清华大学教授？

是。

你是何时到清华大学工作的？

从 1959 年到现在。

你现在正在国外研究？

是。

有人控告你曾参加共青团？

是，现已退出。

何时退出？

在我二十八岁时。

何时参加？

记不得了。

退出时办了什么手续？

不需办什么手续。

你是不是人民代表或担任其他职务？

不是。（唯一一个不符事实的回答）

你在清华大学除了当教授外，还担任什么职务？

没有。

你此次来台的目的是什么？

探望父亲。

除了探亲外，你在台做了些什么？

没有做什么。

有人控告你涉嫌"叛乱"，你有什么想法？

我没有参加"叛乱"，问心无愧。

你对我们办理此案有何意见？

希望秉公办理。

一问一答很快，只是书记员记得很慢。记录完毕后他要求我看一遍并签名。

问话后，他又一次说明，他们办理此案是迫不得已，他们不希望扰乱老先生的平静。他又向我表示友好，说："钱教授真年轻，比我还年轻四岁呢。"整个过程大约不过半小时。

离开后，知道机票事和出境手续也办妥了，我和邵世光如释重负，笑得十分痛快。她为我以法院为背景摄影留念，还带我穿越了城中区的公园，见到很多中老年人在花园的草地上跳舞，有土风舞、探戈舞等。又带我去了股票交易所，见到了人头攒动、精心谋划的情景。

又回到她的家，拿到了机票。邵妈妈、邵家两姐妹陪我去了一个寺院，这是我提出，继母竭力支持的，我是为了让她得到安慰。我们去那里买了供品和香，向门神和关公神拜了。我按规矩自报了姓名，要求神灵保佑父亲健康、保佑继母平安、保佑大阿姨健康长寿、保佑我安全出境、保佑家中一切都好。

然后搭车回家，父母已在盼望中。午饭后大家休息了一会，在素书楼楼上楼下照了不少相。继母兴奋得像年轻人，她与素书楼也快分别了，她计划与父亲进行改稿工作至明年夏天，然后搬至新居，并去美国小住一阵，躲过台湾的混乱，住在张医生的身边。她也希望我届时能去美国开会，两个孩子（宇，青）能去美国学习，并在那里相会。我曾建议他们回大陆住一阵，父亲说，要回去了就不会再出来了，但太不容易。继母说，大陆如安定些倒是一个好主意，但现在不大合适。这也是，只能静待事态的发展了。

钱易台北探亲，在素书楼

　　父亲兴高采烈地下楼与我们一起照相。四时半开始，胡家的亲戚们就陆续来到了，计有．二舅舅、五舅舅、五舅妈以及他们的子、媳、孙，三姨、三姨夫、四姨、四姨夫以及他们的子、媳、女，八姨及其子壮壮，还有亲戚家孩子两人，共计十七八人，热闹非凡。四姨的子、媳是法官和书记官，询问了我去法院的情形。继母忙里忙外，请来了外烩的自助餐。五舅舅的孙子十分活泼，跑出跑进。又分别照了不少相片。四姨对我讲了继母的艰难，说他们都十分同情她，想帮忙又帮不上，听了令我感动。继母不知怎的，建议我为大家唱两首歌，说是要轻松一下气氛。我要求说几句话，表示了对继母和诸位长辈的感谢，却控制不了自己，竟然泣不成声，句子都说不连贯了。众人也为之动容，父亲则默不作声。六点半不到，壮壮和邵世光陪同我上机场，终究离别了父亲、继母、众亲友和素书楼。

　　到机场后壮壮和邵世光去为我办手续，我坐在汽车里等待，与司

素书楼

机谈天。谈了约半个多小时,正当我开始心焦时,壮壮、邵世光回来,
告知一切已办妥,取回了护照,办好了出境手续。接着壮壮为我去办
登机手续,邵世光陪我在机场等待。此时并无人注意我们。邵世光与
继母通话,知道"中央社"已有人知道我今天离境,我们十分小心地
防范着。办好手续,三人一起去圆山饭店的机场咖啡厅喝了一杯咖啡。
壮壮依旧天真、直率得可爱,说没有陪我多说话感到遗憾,八时半我
们进了海关,有壮壮在,验关和安全检查都很顺利。他是个讨人喜欢
的小伙子,一路上常见到人们对他微笑。

　　不料一进候机厅就有一记者注视着我,而且紧追不舍,我们立
即去女洗手间,他竟推开门跟了进来,要为我照相。我说你别太不礼

貌了，他也不肯出去，还说我入境时就骗了他，使他没照到相，他是《中央日报》的。僵持不下，我只好说你先到外面去等一会，邵小姐也说只能让他照相，绝不能接受采访。壮壮立即通融了机组人员，送我先上了机。那个《中央日报》的记者正去叫"中央社"记者，被我们逃脱了。

匆匆间告别了台湾的一切亲友，一人登上了飞机。这四个星期的探亲之行也是冒险之行就此结束了。很多人都说，我已成了全国甚至全世界的著名人物，但我深感为此付出的代价太大了。我不喜欢这种成名方式和它带来的困扰。沈君山先生说《中国时报》因为被死对头《联合报》抢到了独家新闻而十分生气，因此扬言说要把我搞臭。我虽然不信自己会被他们搞臭，但被人议论纷纷的滋味也实在不好受。我还不知道回荷兰后将面对什么，但不论怎样，我必须去面对，也相信自己能够应付。

好，要开始另一种新的生活了，日记虽然记得不怎么好，但总算是每天都记的，将成为这一段历史的忠实记录。尽管政治界和新闻界的污蔑、诽谤对我和父亲都造成了严重的伤害，但父女间的亲情，还有很多亲人、朋友的关怀爱护，都使我感受到无比的温暖，此生此世永难忘怀。

最后的孝心

钱行

　　父亲离开苏州去广州、香港时，我只是一个中学生，对父亲的道德文章，了解是不多的。1949 年离开学校踏上社会，父亲曾从香港来信让我们去香港继续学业。正在这个时候，报上发表了一篇文章，其中点名指责父亲，说他是不爱国的、卖国的。因为受这篇文章的影响，我没有接受父亲的安排去香港求学，甚至还把这篇文章寄给了父亲。

　　因为父亲在香港这一原因，我曾一度失去工作，小妹也曾失去一次去国外学习的机会。这些都是 50 年代的事，60 年代的"红色风暴"中的那些事，是更不能提了。直到 1980 年，我们兄弟姐妹四人到香港和父亲会面前不久，我还"下放"在苏北农村，可以说是借着探亲的机会，才终于完成了回城的手续。也是因为这，兄弟姐妹几人中，我是最后一个去信告诉爸爸决定要去香港的。爸爸还因此认为我仍然因为他"不爱国"，而不愿去香港呢。

　　"文革"的动乱过去之后，许多过去的错误得到了纠正。1980 年和 1984 年两次亲聆庭训，一个多月的团聚，父亲"不爱国"这个问题，对于儿子是不复存在了，但是周围不明真相的人还多。这时我萌发了一个念头：应当在报刊上介绍一下父亲的爱国。这一件事，想来容易做来难。有的文章，编辑通过了，主编又否定；有的文章虽获发表，却被改得面目全非。有一篇文章中，我引用了父亲的一副春联，下联有"大陆是天堂是地狱，尽日瞻望竟忘年"一句，我文章中认为，这表示了父亲晚年对大陆情况的关心，而发表时却被加上"虽在问大陆是天堂是地狱，毕竟表现了一种乡土之情"，好像责怪父亲不该怀疑

"大陆是天堂"而提出"是地狱"的疑问。只好去信声明更正，并另外写文批评这种做法。

近几年，大陆也出版了一些父亲的著作，但是品种不多，印数也不多，多数年轻人对父亲全不了解。即使是中学老师，对父亲的了解有的也只限于 1949 年那篇文章中的那一句话。宣传和弘扬父亲的学术、理想，当然是我所力不能及的，但是自己多读一些，读好一些，在孩子和学生中讲讲，我是要努力这样做的，也算最后的一点孝心吧。

四十年来，亲聆庭训的机会也只有两次，一个多月的时间。随侍左右略尽孝心也没能做到。现在所能做到的，只是三年无改于父之道了。父亲教导我们读书的第一要义是明白做人的道理；为了明白做人的道理，也必须认真读书。愿以三年为期，认真读一些父亲的书，依其道而行，以赎不孝之罪于万一。

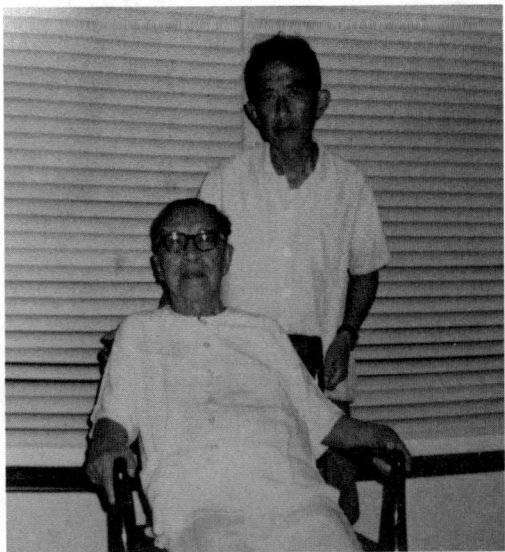

1980 年首度探亲，钱行与父亲

《思亲补读录：走近父亲钱穆》自序

钱行

开始读父亲的书，大概是在 1980 年前后，也就是我将近五十岁的时候。

在我上小学、初中时候，也就是抗日战争期间，父亲在大后方，我们在沦陷区，记得那时，我们会给他写信。其实不是记得，而是后来父亲去世，台湾编《钱宾四先生全集》(以下简称《全集》)，我也参加遗稿整理的工作，有一部书稿，当时就是写在从沦陷区寄过去的家信背面的。正面的书稿，就是后来编入《全集》的《读史随劄》；背面的书信，其中就有母亲和都在上小学的我们兄弟几人所写的家书，这样才使我有了这写信的记忆。后来抗战胜利父亲回到家乡，在无锡江南大学任教，先兄曾随父亲就读于江南大学，我和弟弟妹妹，仍随母亲在苏州。那时，我虽然在读高中，应该是能读一些书的，但是也还没有读过父亲的书，倒是读鲁迅、高尔基等的书多一点。在这以后，就是父亲到香港办学，大陆批判白皮书，牵连到胡适、傅斯年先生和父亲，等等。所以开始读父亲的书，要到 1980 年前后了。

读父亲书时，读到一处，是父亲讲学时的"题外话"。原文在现台湾版《全集》五十二册之《讲堂遗录》"经学大要"第十四讲里。大意是说，今天你们来听我讲演，但是带了许多别人来，就听不进我的话了。《庄子》中有一段"南荣趎见老子"，老子说："子何与人偕来之众也？"你怎么带了一大堆人来呢？诸位到我这里来，心中不知带了多少人；不仅带中国人，特别是还带来一大群外国人。有这一群人在你脑子里，你有什么办法来听我讲课？我开始读父亲的书时，其实就是这样的情形。从 1949 年到 1980 年，其中读了许多东西，脑子里有许多人；在以后的读书学习过程里，自然会发生一个此消彼长的情形。这或许也会反映在近几十年所写的文字吧，本书所收各篇，正部分体现了这一消长变化。

父亲逝世，我写了《最后的孝心》一文，说是"三年无改于父之道"，其实当时对父亲之"道"，是连一知半解也不够的，所以提出三年读书的打算。但是，如上所述，这里其他人造成的阻力还是大大存在的。所以，前几年开始准备集各文为一个集子时，起的书名就是《走近钱穆先生》，"走近"正表示这个消长的过程，而且所收各文，都是以笔名"毕明迩"——以一个读者身份发表的。这一次，增添了一些用真名写的纪念文字和杂志记者采写的访谈记录，这原拟的书名就有点不合适了。

父亲那本《读史随劄》，写于抗战期间，先祖母去世之后。原题为"思亲强学室读书记"，并且撰有《思亲强学室读书记序》（刊于民国三十年四月《责善》半月刊二卷一期），但是，全书当时并未编成出版。父亲晚年曾编定目录，改题为《读史随劄》，因收罗未全亦未能付梓。在编辑《全集》时，才最终结集成《读史随劄》，原《思亲强学室读书记序》一文，则移以作为此书的代序。父亲在这序里说，"计惟有勉力强于学虽不足以报深恩于万一，亦姑以寄孤儿荼蘼之心。继自今当署吾室曰'思亲强学之室'。"现在，本书所收各文，十之九写于《最后的孝心》一则之后，虽然有些以笔名出之，心中实未尝丝毫忘此孝心也。故将书名改题为《思亲补读录》，以志孤儿荼蘼之心于万一也。并以"走近父亲钱穆"为副标题，以示呼应初衷。全书中对父亲的称谓，或称"父亲"，或称"钱穆先生"，则是保留了各篇写作、发表当初的原样，亦特此说明一下。

　　回想父亲逝世的次年，继母大人在台湾《联合报》上，按照父亲的遗愿，写了一篇《时代的悲剧——钱穆先生和他的子女》。这篇长文有一节是说 1984 年父亲和我们在香港见面的事，大意说，父子儿孙相聚，盼望能给宾四带来些安慰，但是他总显得情绪落寞，有时就独自离群而去。他认为"当年父子异途，他独自流亡海外，儿子们以大义相责。当时国家天翻地覆，个人的利害、得失、悲喜、成败，早已不在他心上，也无需作何解说"。可是，时至今天，是非对错，已经摆在眼前，父子相见，做儿子的岂可对过去没有一句话交代？

　　"他要知道，分别几十年后的今天，儿子们早脱离了不成熟的中学生时代，对他这个父亲又是如何看法？"可是，我们当时见不及此，没有对父亲做出他希望的交代。直到后来写那《最后的孝心》时候，才做了一点说明，真是悔之晚矣。以后陆续写的这些"思亲补读录"，真能弥补这时代的悲剧于万一吗？当年编《全集》时，我负责的只是《读史随劄》这一部分，其他部分当时只读过很少，直到今天，对于父亲的全部著作，也还是读过的少，没读过的多，读过的部分也不能说全理解。但是写的笔记则是觉得有所得而写的。希望继续晚学补读，能写出更多更好的文字来。

　　　　　　　　　　　　　　　　二〇一一年五月十一日八十初度

悼父亲

钱逊

父亲走了。这消息来得那么突然，我简直不敢相信，也不愿相信。心底总有一个声音在喊，这不是真的。然而，这又确实是真的。

就在一个月前，在北京见到了长期帮助父亲工作的邵小姐。她来北京旅游，说要在七月底父亲生日前赶回台北，给父亲祝寿。我托她带上一副百寿铜镇纸给父亲，又带去一封家信，与父母商议去台北探亲的事。台湾的朋友们告诉我，因为一个什么"法"和"条例"的缘故，现在我要去探亲还有不可克服的障碍，不过他们说，情况很快会有变化。我只有知其不可奈何而安之若命，把探亲的愿望压在心底，祝愿父亲健康长寿，盼望人为障碍早日消除，等待再与父亲见面欢聚的时刻到来。哪想到，这个时刻终于没有等到，父亲就匆匆走了，与父亲欢聚的愿望，成了一个破灭了的梦想。

1984年，父亲九十岁。感谢金耀基先生和其他许多朋友们，为我们安排了一个机会，让我们在大陆的兄妹到香港给父亲祝寿，与父亲一起生活了一个月。这是难忘的一个月。在离开香港的那一天，父亲一早就下山到大学车站为我们送行，我们进入站内，走过甬道，就到拐弯处了，我停下来再回首看一眼父亲，他还站在入站口。这情形，几年来一想起来就历历在目，就像只是昨天的事。却万万没有想到，这竟是最后的诀别。现在父亲走了，我多么想最后再见父亲一面，可是，由于人为的阻碍，我不得不放弃了去台湾奔丧的申请。

因为各种原因，我与父亲在一起生活的日子不多。但对于父亲的精神，有一点却是感受很深的。那就是父亲对祖国，对中华文化的深沉执着的热爱。尽管两代人的想法不可能完全相同，但在这一点上，我的心与父亲是相通的。父亲的著作、父亲的教诲和父亲一生的为人，在这方面给我的教育是我终身不忘、终身受用的。我相信，中国文化终究会获得新的生命力，并且在世界文化发展中，发出更大的光辉。我想，在弘扬、发展中国文化方面尽自己的一份力量，努力做一些贡献，这会是对父亲的最好的纪念。

在与父亲隔绝了三十多年之后再次相见的时候，我发现，我们之间有了太多的隔膜。我们之间有过误解，我也受到父亲的责备。对于这些，我没有怨恨，只求弥补。可是，海峡阻隔，不能见面，只靠书信往还，几纸文字，对几十年积成的隔膜又能消解多少？我总是想，如果能有机会亲侍父亲身边，那就既可尽孝于万一，也可以有更多感情、思想的交流，假以时日，隔膜终会消除。可是，终于没有给我以这样的机会。现在父亲走了，我的这些心里话，你还能不能听到？

1990 年 8 月 31 日

纪念父亲，了解父亲

钱逊

回想起来，我与父亲一起生活的日子很少。幼年在北平的一段生活，因为我年幼，几乎没有留下什么印象。抗日战争爆发后，父亲去了后方，我们兄妹跟着母亲留在苏州。直到1946年父亲才回来。可是，父亲在江南大学任教，还是不能在家常住，平日住无锡，一周或两周回家一次，暑假又常去上海讲课。当时我十三岁，上中学。父亲留给我的印象，是严肃的，甚至是严厉的，大半时间总在书房里。我要出去玩，要经过父亲的书房，书房外走廊上铺地的方砖，有一些已经活动了，踩上去就会发出声响。每次出去，我总是小心翼翼，不让这些砖弄出声来，以免被父亲知道。1949年父亲离开苏州南下，我才十五岁。可以说，直到这时，我对父亲还没有真正是自己的认识，只是接受了旁人的一些评论。这以后，父亲给我们来过信，但不久就中断了。我真正自己来认识父亲，是在隔绝了三十多年之后。

父亲到香港，办了新亚书院，最初是亚洲文商夜校，这件事，是我从父亲的来信中早就知道的。但我那时只知道是办了个学校，完全不知道当时办学的艰辛，更不了解这所学校的精神和意义。1984年，父亲九十岁，我们去香港为父亲祝寿，参加新亚书院举行的祝寿活动。

新亚校友们特地安排了一天时间，从最初的桂林街校址到其后的农圃道校址，缅怀新亚的发展历程。这一天，给我很深的印象，最初校址的简陋，新亚校友们的回忆，还有大家齐声高唱新亚校歌的情景……都使我进一步了解了新亚，也进一步了解了父亲。从这些，我开始懂得，在当时那剧变的年月，许多人流亡到香港，就如漂流到荒岛上。在前途茫然，失却了精神支柱的情况下，父亲创办新亚，在这块殖民地上，倡导做中国人，弘扬中国文化，不只是简单地办一所学校，给师生们提供一个工作、学习的机会；它体现了父亲对中国文化的深情，也表现出父亲对民族的前途命运的信心和责任感。

以后几年，我读父亲的书逐渐多了一些，对父亲的认识也多了些、深了些。今年早些时候，父亲托人从台北给我们带来他的《新亚遗铎》，我很快地读了一遍之后，深受感动。父亲办新亚，读书与做人并重，而第一是教学生学会做人。每次开学典礼和毕业典礼，父亲讲话总要讲做人的道理。特别是关于父亲辞去新亚院长职务的那几篇材料，对我教育尤深。从这几篇，我看到了父亲的为人，看到父亲对自己所讲的做人道理身体力行的精神。

从父亲的言论、父亲的处事，我进一步认识了中国文化的传统精神，开始懂得，新亚的精神，也就是中国文化精神，也就是父亲的精神。对于父亲的这种精神，我想用两句话来表达：

继先圣堂堂正正做中国人，

启后学切切偲偲为孺子师。

上面所说，只是父亲的一个侧面。说来十分惭愧，我对自己父亲的了解是很不够的。曾经有朋友建议我研究父亲的生平和学术，为父亲写传，写学案。我说，我的学力太浅，这是我所不能及的。我所能做的，也是要更加努力去做的，是要更多地读父亲的书，更多更深地了解父亲，继承父亲热爱中国文化的精神，为中国文化的发展贡献自己的一份力量。我想，这也是对父亲的最好的纪念。

1990 年 9 月 26 日

"我的家乡苏州"

钱行

　　钱穆先生是无锡七房桥人。这一事实载在许多写他的传记作品中，也铭刻在苏州太湖西山岛上钱先生墓园的墓碑上。这是无可怀疑的。但是，钱先生20世纪50年代在台湾讲演，后来将讲义与讲演稿合并出版为《民族与文化》一书，在这书"讲辞之部"第二篇第二章中他却称"我的家乡苏州"。这段话是这样讲的：

　　又如我的家乡苏州，从春秋战国一路下来，直到今天还是一个大城市。南宋初年，金兀术南下，苏州人死了五十万，这个城市之大就可想而知。

　　（这一节是讲"中国史上城市是远有根源的"，除苏州外，还举了广州为例，历史至少两千年，黄巢之乱，广州外国商人就死了十万人。）为什么钱先生又称苏州为自己的家乡呢？想来有以下原因：

　　一、七房桥在无锡与苏州交界处。

　　二、先生曾有二度在苏州执教的经历——省立苏州中学及内战时南迁的国立河南大学。

　　三、先生在苏州中学执教时，与苏州人、小学教师张一贯女士结婚，几个子女大部分出生在苏州，抗战期间，先生只身到后方，家仍然在苏州。其间先生也曾在苏州耦园住了一年，以陪侍老母，并在此一年中写成《史记地名考》一书。后来，太夫人即在耦园逝世，钱先生在后方特将其书斋名定为"思亲强学室"。

四、1949 年先生孑然一身往香港时，依然家在苏州，在台湾作讲演时，也是家在苏州。很久以后才在香港重新结婚成家，可说已是晚年了。

除了《民族与文化》一书外，钱先生还有很多书讲了苏州的人和事。《师友杂忆》中回忆在苏州的生活和友人是人们较熟悉的。就是学术著作如《中国历史研究法》中也有，"中国历史上之城市，颇多绵延有两千五百年以上的长时期，即如广东省番禺一城，秦始皇设三十六郡时，番禺即为南海郡之首府，距今在两千年前。又如江苏省之苏州，即吴县，此城在春秋时为吴国首都，直传至今，已有两千五百年以上之历史……"以下还有讲山东曲阜，"论到中国城市之商业情况……宋代金兀术南侵，苏州一城死者达五十万……可想象其市场繁荣之一斑"。

还有一部《从中国历史来看中国民族性及中国文化》，是先生晚年所作一个系列讲座的讲稿，其中也讲到了记忆中的苏州虎丘山：中国文学不仅诗、词、歌、赋各体文章，还有作对联、作匾的。譬如我们新亚的教职员休息室，称为云起轩，触景生情，这匾不亦带有文学气味吗？我游苏州的虎丘，有一茶楼，三面玻璃窗，可以向外展望。堂上悬一横匾，题曰"其西南诸峰林壑尤美"。这是欧阳修《醉翁亭记》里的话。你在此茶楼望出去，正是这样。

以上种种，难怪钱穆先生常常把苏州认作自己的家乡，也使他有资格以苏州人自许。在香港、台湾时，有人来大陆，他总会建议去一下苏州，看一下耦园，等等。杨绛先生在一篇散文结尾处写道，苏州人是记得钱先生的，不知钱先生是否忘记了苏州人（大意如此）。从钱先生的一些著述看来，他是一点都没有忘记苏州的。

关于父亲的回忆

钱辉

父亲离家去大后方有半月，我出生了。得知又添了小女儿，给起了名字——晦。

父亲长久的没与我们在一起，襁褓中，父亲是一首歌谣："爸爸回来，回来抱抱，横抱三年，竖抱二年"。这首歌谣陪伴我牙牙学语，蹒跚学步，度过童年。

十来岁开始，父亲就变成一条线，老师严肃地要我"划清界线"。同父亲划清界线？线在何处？如何来划？怎样才算划清？这些问题对于一个十来岁的孩子是过于深奥了。

进入青春期这条线长大很多，变粗变深，简直就是一条鸿沟了。一边是反动一边是革命，一边是黑暗一边是光明，而我永远在那一边，跨不过这条沟，到达不了光明彼岸。曾经选择了去农村工作，入了团，以为把这条沟跨过去了，结果完全是误会。

这样的被加入另册，大约经过了三十年。四十岁前后我成了"统战对象"。

在这样的情况之下，随着年龄的增长，父亲成为一连串问号存在我脑海。他怎么着就跟美帝国主义走了？怎么着就走向了反面？胡先生傅先生是他的朋友吗？他们持怎样的立场观点？三个人是怎样走在一起，被相提并论的？没有一个问题我能找到答案！

父亲究竟是一个怎样的人？

1980 年我得到机会与父亲在香港见面，一起生活一周，同时有三个哥哥和继母在一起。当时我已经四十岁，两个孩子的妈妈。见到在火车站偶遇的两个学生，恭敬地向她们敬仰的先生行礼。见到中文大学以父亲名字命名的图书馆。听父亲和继母讲述新亚书院初创时期的艰苦奋斗和坚持努力并逐渐壮大发展。我想他是努力工作的人，受到青年学生敬仰的老师。这与一向的印象是多么不合！这又是为什么呢？

从此开始有机会逐渐认识父亲，了解他，亲近他，学习他。

1984年夏天，我和兄长行逊、姐姐易、侄儿松、侄女婉约，去中文大学新亚书院，又与住在会友楼的父亲和继母一起生活了一个月。八个人享受到了温馨的家庭生活。生活在一起，当然可以相互了解。但我对父亲的了解更多地来自继母或他的学生们的谈话，以及他的书，别人的文章。谈话和阅读得来的间接知识对我来说也是十分重要的。

《八十忆双亲·师友杂忆》《新亚遗铎》两本书，平实易懂。前者记录了父亲自幼到老，与家人父母老师同学朋友一起生活、相处的故事，极其生动；后者是父亲在新亚校会上的讲话集，语言流畅，道理却深刻，读着，就如同坐在讲台下聆听老师讲课，受益匪浅。这两本书我是读了又读的。看到父亲当小学教师的经历，看到他对贾克文丁龙的赞赏，我就会想起我的乡村教师的经历和我的农民朋友，对我当初选择走向农村的举动很满意，有自信。父亲看见我们在沙滩上捡了珊瑚海螺，知道我们除了学习工作，也有生活的情趣，他高兴地笑了。

父亲一生没有停止过读书和写作，他又把为学与做人高度统一起来。"为学与做人，乃是一事之两面。若做人条件不够，则所做之学问，仍不能到达一种最高境界。但另一面言，训练他做学问，也即是训练他做人。如虚心，肯负责，有恒，能淡于功利，能服善，能忘我，能有孤往精神，能有极深之自信等，此等皆属人之德性。具备此种德性，方能做一理想人，方能做出理想的学问。真做学问，则必知同时须训练此种种德性。若忽略了此一面，便不能真正到达那一面。"这是父亲说的，也是他一生的实践。父亲又说，假如我们诚心想做一人，"培养情趣，提高境界"，只此八个字，便可一生受用不尽。这八个字，也着实需要我努力　生啊！

父亲给我起名"晦"，1940 年我降生之时，正是抗日战争最艰苦的岁月。东北沦陷已近十载，日寇铁蹄已践踏了大半个中国。屠杀，轰炸，掠夺；上海，南京，武汉，重庆，多少家庭妻离子散，多少生灵惨遭涂炭；到处血雨腥风，再没有一处可以安放书桌的净土，国家民族正处在最危急的时候。父亲是要我们记住这个风雨如晦的日子，这个民族危亡的岁月吧。1945 年，我进入学校读书了。抗战胜利了！到处一片欢腾！老师说，你的名字还叫"晦"，太不合大家的心情了。于是，我回家请大人帮忙查字典，在同音不同义的几个字里边找了个"辉"字，把父亲给我起的名字换了。

我与父亲在一起生活的日子实在太少，这个名字，却是父亲赋予我的实实在在的馈赠。所以，虽然我把它改了，父亲为什么给我起这个名字？名字里边包含着什么期许？这些问题也常常缠绕心头。

大概有这么几层意思吧。

父亲希望我踏实做人，绝不哗众取宠，要朴实无华，韬光养晦。就好比许地山先生，用落花生来启发引导他的孩子，做一个如同落花生一样默默努力充实自己的，对社会人群有用的人。而不要像苹果桃子或石榴，以其鲜红嫩绿的外表招摇枝头。

记住苦难的岁月，记住！苦难岁月中坚持奋斗，去争取胜利。我渐渐明白我们家庭个人的境遇与国家民族的命运，是紧紧捆绑在一起的。父亲离开我们在大后方工作，是多么的无奈。在孤寂和艰苦中独自生活在宜良山中，写出《国史大纲》是多么了不起。天上没有馅饼能掉下来，一切要靠努力奋斗来获得。父亲不是单纯地要我记住苦难，不能够总是凄凄切切，晦暗无望；更要记住的是振奋精神，拿出勇气，奋斗，克服困难，争取胜利！"人若真有精神，饥寒交迫中，固可有精神，温饱了一样可有精神。而且他的精神，只该更好，不该转坏。"父亲这样说，晦字提醒我，战争虽然结束了，在和平的岁月里，还是要记住苦难，记住苦难中的艰苦奋斗，无论顺境或逆境，都要拿出爱国爱民族的精神，敢于牺牲自己，坚决奋斗，争取胜利！

新亚校歌也正是这样的意思，要新亚学子保持并发扬"手空空无一物"时敢于奋斗的新亚精神。《义勇军进行曲》也是一样。

我在感动中，把"晦"字拆分为"日每"做了微信网名，决心不再把父亲的教导丢弃。

要记住父亲对我的殷切的期望。

忘记过去，意味着背叛！

虽然，还有许多问号没有答案，而且我已届耄耋，方才悟及此一层，也还是非常高兴的。朝闻道，夕死可矣！

父亲常在我念中。

2019.10.9.

落叶归根

钱辉

　　父亲要归葬故里的遗愿，经新闻媒介的传播，引起了许多人的关注。落叶要归根，大地敞开了胸怀。父亲祖籍无锡，曾在太湖边的江南大学任教；父亲又曾在苏州生活多年。由此，苏锡两地乡亲父老尤其盼念着父亲的归来。

　　我在父亲身边生活的日子太少，一向未能尽孝。为实现父亲的遗愿，我决心辅助继母在太湖之滨觅一方土地，作为父亲最后归宿之所在。吴县有十几个乡镇在太湖边，要找一个依山傍水的地方实在不难。我首先看中了胥口乡墅里村。墅里村有山林，有规模很大的副业生产基地，外向型经济也已有一定基础，农民生活富裕，交通也极为方便。有柏油路直通村里，坐小车从苏州去三十分钟可抵达。村里一座山叫渔洋山，与太湖中的长沙岛相望，构想中的太湖大桥东堍就选定在这里。风景这边独好。向继母报告了上述情况之后，继母说：虽然依山傍水，但那里不一定是个适宜读书的地方，那里将日趋繁忙而渐失清静。继母知道我对父亲的了解太肤浅，她很不放心，怕这样乱找会丧失了时间，便决定于父亲逝世的当年，即 1990 年 11 月亲自来一趟。

　　11 月下旬，继母专为"找地"来大陆一星期，堂兄伟长全程陪同。家乡亲人热情而恳切，领我们去最佳处任凭选择。11 月 27 日到无锡市马山区，马山区的区长自豪地说："太湖的风光无锡的好，无锡的太湖马山的好"，在他带领下我们驱车环岛一周（马山岛已有长堤与陆地沟通，去马山无需摆渡），环岛处处好风光。太湖水是绿的，在不远处闪闪地荡漾，坡上遍植松、柏、杨梅和板栗，也是绿的，小车驶过，隔几分钟就可看到树丛中或水边上有一群色彩和式样都很美的建筑，那是各种疗养院、休养所。我很为马山区的发展兴奋激动，然而心想比起墅里村来，这里更是一处都市化了的乡村，与父亲一向所处环境相差远了。在一个被称作"龙头渚"的地方。四周环境极清雅，眺望太湖，湖面格外宽广，只见碧波万顷，一望无际，天水一色，有极目千里之畅。继母对我说：这里固然好，却富帝王气度，你父亲则只是一个读书人。11 月 28 日，无锡县的领导们又陪我们去了鸿山。鸿山距鸿声里集镇不远，而老家七房桥距鸿声里集镇也不远。可以说到鸿山也就等于到了老家。去鸿山的路旁种着柏树，因为路是笔直的，所以树也是排列得笔直的，十分的整齐显示十分的肃穆。鸿山并不高，但林木茂盛，油亮油亮极浓的绿色富有灵气。山上有泰伯墓，梁鸿孟光墓，已被列为文物保护单位。我们去时不是旅游旺季，游人不多，环境十分清净幽雅。我想，这里真是好地方。当然，鸿山距湖远，距我工作的吴县更远，但相比之下这些不利条件显得并不那么重要。问到继母的感想，她说：鸿山再好，这里却有古迹，你父亲一个读书人怎么可以去占一席之地呢？

　　吴县人提起太湖，大都首推东山。东山是个半岛，论交通，有公路直通苏州，小车行一小时即可到达；论风光，山好水好，真山真水远胜城里的假山假水；论物产，山上有花果，池里有鱼虾，真是丰富极了；这里还有悠久的历史和厚实的文化积累。为此，吴县的领导特请我继母和伟长夫妇去东山一游，并指出有一片果园的土地可以提供方便。果园那里因原有办公用房，水、电、路都是现成的，具备生活基础，而既在果园里则环境之优美可以想象，春日万紫千红，秋天硕果累累，不是天堂胜似天堂！只可惜离湖远，远得看不见，只能见到鱼池和桔园。继母说：能见到湖也不能要，这里是公家的地，我们去用不合适。

经再三推敲，继母最后决定的是西山俞家渡村的那块石坡地。

西山各方面条件与东山相仿，唯交通不如东山方便，因为西山是在太湖中，到了东山还需环山而行至后山的码头，然后乘轮渡过去，光在湖上就得花四十分钟。

我们是11月24日去西山的。当天玩了林屋洞和石公山，十分尽兴。继母有感于西山的自然风光、人文景观和淳朴的民风，很觉得安慰。当晚西山镇三位主要领导来住处小谈约一小时，他们的诚恳与友善，也给继母深刻的印象。25日一早，镇里一位副书记领我们玩罗汉寺，然后去四墩山选地。四墩山已被果农们千百年来的辛勤劳作充分地开垦，满山坡密密层层全是树，高高低低地杂种着茶树、桔子、枇杷、栗子和杨梅。沿小道往上走，犹如钻进一条绿色的山洞，那枝枝杈杈不时地扫到你的眉心、钩住你的头发。攀到半山，继母就说："山上有再好的地我也不能选。如果我选了这里，那这条路是太窄了，为了把这条小路拓宽一点要砍去多少树呀，怎么可以叫老百姓受这么大的损失呢？"我们在四墩山的半坡上见前边有一山头，距湖更近，风景更好，于是立即下山赶去。那里就是后来被选定的地方——俞家渡村石皮山。

石皮山的情景大体与四墩山相仿，只是这一条山路约有80厘米宽，人行其间尚从容（实际上后来施工中抬黄沙水泥上山，也未伤着林木，小路仍维持原样），山腰间有几处石坡。这一处石坡很大，上下左右已遍植经济林木，而这片石坡却从未被开垦，只是在石缝中长着一些荆棘野草。石坡面向东南，站在坡上只见满坡的绿一直流向太湖

西山墓地远眺，近处民居远处太湖

西山墓地全景

边，农舍掩映在极茂密的桔树和银杏树丛中。湖里有小岛两三座，近山青翠，远山如烟，间或驶过的船划破宁静的湖面，使如画的风景格外生动起来。继母后来说：在这里所见的景象，与在沙田和风台五号所见相似，而正是在和风台五号居住的八年中，父亲和继母曾在楼廊无数次地在观海、在赏月时谈起过太湖，谈起过将来有一天能在太湖边建一小屋安度晚年。

那天在石坡上不过逗留了两三分钟。因为要在中午之前赶到东山去。大约到阳历年底，继母来信说决定选用这块地，之后我们又为她选了一块建房子的地。

第二年（1991）4月，继母第二次来大陆，再次上山去看过，才办理了征地的手续。

父亲归葬记略

钱行

1990 年 8 月 30 日父亲在台北与世长辞，母亲所撰挽联中有"方期海宇升平，侍君百岁归田里"之句。希望中国早日统一，暮年归隐故里太湖之滨，是父亲生前的愿望。但是，"海宇升平"的进度不快，父亲没有能等到这一天。这一点，父亲也许已料到。所以，他生前曾经表示：如果人不能回去，也要葬回故乡去。禀承父亲的遗愿，母亲将父亲的灵骨安放在台北永明寺，等待着归葬大陆。一年多来，经无锡市、县，苏州市，吴县等有关部门相关人士的热忱帮助和支持，终于选定了墓址，办妥了有关手续，并由当地西山镇建筑站承担了整地施工任务；凤凰山公墓七子墓区承接了制造石椁、刻制墓碑的工程。墓地在吴县洞庭西山俞家渡村境内石皮山的一块黄石坡地。此处背山临湖，面向东南，山上山下种满枇杷、杨梅、柑橘、银杏等果树和茶树。湖光山色，尽收眼底。当地人称，这是一块风水宝地。

台北市有关当局为纪念父亲对学术的贡献，特将父亲生前住所素书楼改为纪念馆，1992 年 1 月 6 日，举行了钱穆先生纪念馆落成典礼。1 月 7 日，母亲在素书楼弟子辛意云先生和邵世光小姐（曾任父亲的秘书）的陪同下，护送父亲灵骨由台北经香港飞上海，于傍晚到达苏州。1 月 8 日，在灵岩山寺做了一天安魂法会。当晚，父亲灵骨到西山"入室"。当年父亲由香港迁居台北，原拟寻一块地建屋居住。蒋介石先生闻知后，特拨公款建造一所宾馆，即是素书楼，父亲在此住了二十多年后，忽有人提出什么"占用公房"的质询。对此，父亲决定自己购一公寓，从素书楼迁出，而在迁居几个月后，父亲就去世了。母亲决心要自己造一房子，哪怕只有几间，也要让父亲从自己的房子里走到墓地去。在西山镇政府和人民代表严勤富先生的协助下，这个愿望终于实现了，母亲在西山造了几间房子。这天夜里，父亲的灵骨就在自己的房子里安息。除了母亲外，在大陆的子女四人及孙儿女（外孙）辈，还有父亲的侄女陪侍在侧。

1月9日，是既定的安葬日期。前两天，时阴时雨，令人担心。我们多希望老天不要下雨，天从人愿，真的晴了。北京赶来的伟长兄嫂及在苏州的其他亲人陆续到达，葬礼于上午十一时正式开始。

墓中的随葬品是一包书。父亲一辈子从事教学、写作工作，可说是著作等身。从这些著作中选出一部分，计有《先秦诸子系年》《中国近三百年学术史》《论语新解》《国史大纲》《新亚遗铎》《朱子学提纲》《现代中国学术论衡》《中国历代政治得失》《中国文化史导论》《理学六家诗钞》《庄老通辨》《中国文学论丛》《双溪独语》《八十忆双亲师友杂忆合刊》等十四种。让这些书，陪伴父亲，长眠于地下。深信这些书也会同父亲的英名一样，长久地流传人间。墓碑、石椁、供桌均由花岗岩石料制成。碑高一百五十公分、宽七十公分、碑座高十公分。墓碑上除正中竖排写着"无锡七房桥钱穆先生之墓"外，两侧还有竖排小字，写明钱穆先生字宾四，以及生卒年月日时等。镌刻的文字，是选择台北故宫博物院馆藏碑帖中的隶书体复制后，由吴县工匠刻制的。葬仪以传统家祭礼仪举行。吴县海外联谊会，对台办公室、教育局、文化局、文联和西山石公中学、石公中心小学、西山镇海外联谊会等单位致送了花圈，并有代表在墓前行礼。借此机会，顺致谢意。

参加葬礼的孙辈，除了孙女婉约外，都还没有见过祖父（外祖

1992 年 1 月 9 日在西山安葬父亲之后，亲友合影

香港新亚研究所校友会、新亚书院校友会到西山父亲墓前晋谒

父），没有亲聆过爷爷的教诲。当天晚上，母亲特地请辛意云先生讲述了他们祖父（外祖父）的学问与为人，大家怀着敬仰和沉痛的心情，肃静恭听辛先生的介绍，对先祖的一生，有了较为具体的了解，深受教益和鼓舞。在回台湾前，母亲还组织了一次寻根访旧活动。参加者有台湾来的素书楼弟子、大陆的子女及孙辈，先后到父亲生前在苏州居住和写作过的耦园，无锡鸿声里七房桥祖居，教过书的荡口果育、鸿模小学（现荡口中心小学）、无锡县立第四高等小学（小学原在泰伯庙内，现迁移他处，原址恢复为泰伯庙）等地转了一圈。荡口中心小学虽然盖起了新的教学大楼，可是还保存了当年果育、鸿模的校门和几间房子作为校史陈列纪念室，其中还陈列着父亲所写的有关果育、鸿模的一些回忆文稿。

父亲归葬大陆的事，实因地处偏僻，交通不便，又时值严寒，未敢惊动太多的人，因而也没有告知家乡父老。海峡两岸的新闻界均未涉足，只是当地的《吴县报》和苏州人民广播电台作了简单报道。《吴县报》说有台湾来的学生参加葬礼，苏州广播电台却说有大陆和台湾来的学生参加葬礼。报道口径不一。在此附带说明：父亲在大陆的学生，即使是1948年在江南大学就读的学生，现在也多是六十开外的人了，抗战前或抗战期间在燕京、北大、清华、北师大或西南联大、成都齐鲁大学国学研究所、昆明五华书院、云南大学等校的学生年事更高，鉴于当时的实际情况，虽有多位先生事前闻讯后多次联系，表示要来参加葬礼，但都被我们家属婉谢了。除了堂兄伟长哥，也可算是父亲在大陆的学生外，其他在大陆的学生（包括苏州、无锡的）并未到场。对他们缅怀师恩的深情厚谊，我们只好心领了。

代后记：母亲的家书与父亲的《读史随劄》

钱行

这事开始在几十年前。1941 年，我们弟兄三个，还都在上小学，两个妹妹，都还没有到上学年龄。我们随祖母、母亲住苏州，父亲在四川齐鲁大学国学研究所任职。

那年寒假，过年，祖母大人于年初五那天，病逝于苏州耦园家中。小时候的事，只记得爸爸是没有回苏，丧事等都是母亲请亲戚帮忙办的。直到几十年以后，才知道当时父亲因为祖母去世，未能在家也未能回来，哀恸之余，把原用的"未学斋"斋名改为"思亲强学室"，还写了一篇《思亲强学室读书记序》发在杂志上。

说到"未学斋"这个斋名，本来源自《论语》里"贤贤易色"这一章，说一个人能孝父母，能忠于事业，对朋友言而有信，这样的话，他虽然说未学，我也要说他是已学的了。因为自感"自惭未能事父，而事母亦未能尽力"，所以署了一个"未学斋"名号用以自勉；现在母亲也不在了，想要用孝父母来补足未学的缺陷也不可能了。只有"勉力强于学，虽不足以报深恩于万一，亦姑以寄孤儿荼蘖之心"，从今以后，就把未学斋改为思亲强学之室。（《责善》半月刊民国三十年四月）这是一篇序言，一本书的序言，而书内容，则有待日后读书有得，一篇篇写出来积起来了。

从这个 1941 年 3 或 4 月以后，父亲是思亲强学，写过不少文章，出了好多书，可是"思亲强学室读书记"这本书，始终没有完成，没有出版，只有《思亲强学室读书记序》因已在刊物发表，一直存在在图书馆里和人们的记忆里。后来父亲和继母在台北素书楼，也谈起过这书，说还是要编好出版的，而且改了书名，定为《读史随劄》，还拟定了部分目录，可是以后又写了不少文章，出过好几部书，这本书还是没有完成。

二十年前，1990 年，父亲在台北杭州南路家中安详地逝去，享年九十六岁。1992 年 1 月，继母和几位素书楼弟子护送父亲灵骨，归葬大陆太湖西山岛。继母对我说，台北许多人正忙着整理编辑出版《钱宾四先生全集》的事，你正好学校也退休了，也来参加这事吧。我接到的第一个工作就是，为父亲抄书稿，就是这个书名定为《读史随劄》原名为"思亲强学室读书记"的书稿，都是父亲 1941 年起那几年陆续读书、陆续写下的文字。这些文稿不是写在人们习见的方格稿纸上，而是写在一张张大小不一、纸质不同、一面已经写过字的纸的背面的，而且即使是在同一纸上同一篇文字，也会有不同颜色、不同大小的几段或是几次修改的痕迹。我的第一步工作就是把这些纸上的这些文章，过录到常用的方格稿纸上，然后加上标点符号，有史书上的引文，则还需一一查对原书原文，以防错漏。那些写在字纸背面的文稿，按页数计算，大概有一百张左右，每张纸上字数有多有少，最后抄下来有几十篇文章吧。

这《读史随劄》，当然都是关于历史的事，而我原来在中学是教数学的，再者几十年来读的写的都是简体字，现在要看、要抄录的都是繁体字，所以说，虽然就是抄写，其中困难也是不少不小的。总算完成，交稿，后续工作就都到台北，有那边的教授先生（多是素书楼父亲的弟子和他们的学生）们接手最后成书。在全集中，这《读史随劄》和《中国史学发微》二书合成一册，编为《全集》的第三十二册。这

《读史随劄》连同出版说明和目录，全部共 181 页。这 181 页文字，除了我从底稿抄下的以外，还包括以前已在刊物上发表过的和编书时写的"出版说明"在内。这在出版说明中也都讲了，这篇序言是当年写了发表的，以后就在这刊物上（《责善》半月刊）发表过好几篇文末注明"思亲强学室读书记"的文章，还有几篇是同时期写的发在其他报刊上的同类文章，除序言外，全书共收三十五篇文章。那么，经过我手抄的文字，只是这其中一部分而已，但是在书前的出版说明中写道："本书各篇，多就原稿整理，其有限发表于杂志期刊者，皆注明于各篇篇后，整理工作虽力求慎重，然疏漏错误之处，在所难免，敬希读者不吝指正。本书由钱行先生负责整理。"这最后一句，我知道，其实我真正负责的只是抄写、标点和部分引文的查对而已，其他许多进一步寻找佚文、整理编辑成书的工作，都是在台北诸位老师做的了。例如我从底稿抄的一篇《王通》，约有七页篇幅，后来在台湾，即发现《中国学术思想史论丛》（第二册）中《读王通中论》一篇开头的部分就是这七页文字，然后下面又续写许多成文，于是这七页"王通"就不再收入这《随劄》了。

后来，在整个全集之中，我还"负责整理"了一种《理学六家诗钞》，这是有以前出版过的成书，不需我抄写，我只做了加上书名号、私名号和部分查对原诗的事，其他许多工作也是在台北完成，包括写"出版说明"在内，也写成我负责整理的了。"出版说明"说了，错误疏漏难免，现在我翻检这《随劄》，还发现一处疏漏。书中"东汉人之养生率性论"和"蜀中道教先声"二则，其实当年是同在民国三十年十一月《责善》半月刊发表的，现在书中在这两篇的文末，都注明了初刊时间，但是一处写《责善》半月刊二卷十六期，另一处写《责善》

半月刊二卷六期，后者错了。同期共刊三则，现在都在书中，可考。

　　二十多年前，我抄写父亲的这些遗稿，后来收入联经版的《钱宾四先生全集》；与此同时，当时我们兄妹四人发现，其实也不是我们自己发现，而是继母大人告知的，这部书稿写在写过字的纸背面，这些纸的另一面，即原来的正面，是谁写的什么内容呢？——竟然是当年妈妈从苏州写给爸爸的家书！还有少量的是我们三兄弟和妹妹写给父亲的信，还有那时和我们住在一起的姨妈写的信等。那时我抄爸爸的文稿，我妹就去复印妈妈的信；我抄下来就是一篇篇文章，只有极少数是未完稿。而妹妹她复印所得，总共有分属九十多通书信的内容，有完整的信，有只有一半的，还有去头无尾的等，她的整理工作比我费事多了。我妹是 1940 年 10 月出生的，90 年代是五十多岁，没想到的是，她竟发现两通小姨和妈妈写的报告她出生情形和小时候事情的信。小姨的那信是出生喜报，从医院直接写的，说母女平安，小小妹健康，七磅多一点。妈妈则是出院回家过几天后写的，她写的女儿出生重量则是五磅，怀胎八月早产。二信有异！五十多年后分析，小姨写的喜报有水分，是怕姐夫担心，想让姐姐高兴一点吧。不知当年爸爸有没有发现她这好心！这些零信断简，经妹妹整理按年排序后，又复印多份并另外录成文本，兄弟姐妹几家分别珍藏于家。原件书稿书信，仍都送回台北素书楼文教基金会收藏。

　　1941 年那次父亲从苏州辞别家人回四川的情形，几十年后，他写的《八十忆双亲》中有记载，说祖母带着我们兄弟几个送他到大门口，"余见先母步履颜色、意气谈吐，不虑有他"。却不料翌年新年初五，先祖母就辞世了，终年七十六岁。"自先母之卒至今又逾三十三年以上，……八十年来非先母之精神护恃，又何得有今日"。父亲说八十年来受祖母精神护恃，其后面三十三年祖母已经不在，这精神护恃，自然主要是靠父亲自己的思亲强学了。直到前几年，2013年继母大人辞世归葬大陆时，台北亲友携来送回子女孙辈的素书楼家庭遗物中，意外地见有镶在镜框中的祖母大人遗像一幅，据称是从素书楼搬到杭州南路家中，父亲逝世后仍旧挂在家里的。现在杭州南路房子也卖了，这遗容又回到了苏州。推想当年1940年父亲离开苏州时，带在身边的应是一张小照片，后来不知在何时何地制成这幅遗容，一直跟随着他，一直精神护恃着他。祖母大人对父辈的精神护恃，还将在我们兄妹身上继续，并且将凭借父亲的回忆文字《思亲强学室读书记序》以及这本《钱穆家庭档案》等，而延及钱家以下几代的晚辈！

2020年9月20日